Karl W. ter Horst

Die neun Quellen des Glücks

Wege zu einem guten Leben

Dr. Karl W. ter Horst
ist Pfarrer der Evangelisch-reformierten Kirche und Psychotherapeut. Seit 1974 ist er als Universitätsdozent für Pädagogik und Psychologie tätig. Seine Pfarrgemeinde ist Schüttorf, nahe der holländischen Grenze

Für wertvolle Hilfe bei der Arbeit an diesem Buch möchte ich Wilhelm Bauer, Elke Parniske und Gretel Röwer danken. Für ihre freundliche Kooperation danke ich den Mitarbeiterinnen und Mitarbeitern des Publik-Forum-Verlags, besonders Harald Pawlowski für seine Geduld, fachliche wie journalistische Beratung.
Karl W. ter Horst

IMPRESSUM

Karl W. ter Horst
Die neun Quellen des Glücks
Wege zu einem guten Leben
Layout und Titelgestaltung: Andreas Klinkert
Titelfoto: epd/Joker/Ralf Gerard
Satz: Sabine Felbinger
Grafiken und Abbildungen im Innenteil
(soweit nicht anders gekennzeichnet): Archiv des Autors
Druck: Druckhaus Bayreuth

Auflage: 1 2 3 4 5

Jahr: 2002 2003 2004 2005

Postfach 2010
61410 Oberursel
ISBN: 3-88095-123-3

Karl W. ter Horst

Die neun Quellen des Glücks

Wege zu einem guten Leben

Inhalt

Jetzt und hier entsteht das Glück

Glück ist kein Zufall. Es ereignet sich und ist sinnlich wahrnehmbar in den Farben einer Landschaft, dem Geruch des Meeres, der Kraft des Windes, in der Wärme der Haut, einem zärtlichen Blick oder im Trost eines Wortes. Glück ist Bestandteil des Lebens und gegenwärtig. Aber statt es mit beiden Händen zu ergreifen, ist der Mensch in der modernen Zivilisation gemeinhin der Auffassung, er müsse es sich auf umständliche Weise erst verdienen. Ein Mann glaubt, seiner Frau mit Status und Geld imponieren zu müssen, um damit ihre Liebe zu erlangen. Ein Kind ringt um die Anerkennung seiner Eltern mit Hilfe schulischer Leistungen. Anstatt das Bedürfnis nach Liebe und Annahme unmittelbar zu äußern und manche ausgestreckte Hand direkt zu ergreifen, werden Menschen zu Glücksrittern auf beschwerlichen Abwegen. Die Umwege zum Glück aber kosten nicht nur Kraft und rauben die Motivation, sie entfernen die Menschen voneinander und versteinern ihre Seelen. Glück realisiert sich im unmittelbaren Austausch unter den Menschen in ihren Familien, an ihren Arbeitsplätzen und im Erlebensbereich ihrer Freundschaften. Familie, Arbeit und Freundschaft nenne ich die Ereignisfelder des Lebens. In ihnen entspringt das Glück, sie stellen die Landschaft für den Fluss und die Entfaltung glücklicher Beziehungen zur Verfügung.

In jedem der drei Ereignisfelder ist der Basisfaktor für das Entstehen menschlichen Glücks das Vertrauen. Innerhalb der Familie wird Vertrauen hergestellt durch dauerhaftes Zusammenleben von mindestens zwei Menschen in einer Wohnung.

Dabei ist es für ihr Glück nicht ausschlaggebend, ob die Behausung ein Iglu oder Zelt, eine Hütte oder ein Mehrfamilienhaus ist. Das Gefühl des Glücks orientiert sich nicht an den Maßstäben von Sauberkeit und Ordnung. Eine Familie ist gut, weil ihre Gefühle echt und intim sind und nicht, weil es nach Bohnerwachs riecht und die Betten faltenfrei bezogen sind. Alles kann noch so perfekt organisiert sein, das Glück bleibt auf der Strecke, wenn die Beziehungen unter den Menschen kalt und ihre Empfindungen füreinander ausgetrocknet sind.

Die biologische Zuordnung, die soziale Übersicht und die Verbindung von Wohnraum und Feuerstelle machten die Familie über die gesamte Menschheitsgeschichte zum idealen Ort der Kinderaufzucht. Das Menschenkind ist im Vergleich zu den Nachkommen von Säugetieren nur mangelhaft mit Instinkten ausgestattet. Aus diesem Grund ist es angewiesen auf eine intensive und lange Etappe familiärer Versorgung. Raum- und Zeitnot sowie der Mangel an Liebe bringen das Kind um die Grundlagen einer glücklichen Existenz. Wir werden später sehen, dass der kindliche Organismus schon vor seiner Geburt über eine Art biologischer Sehnsucht nach Freiheit und Selbstorganisation verfügt. Deswegen tendiert jedes Kind dahin, nach einer gewissen Entwicklungszeit die Grenzen der Familie zu überschreiten. Liebe und Sehnsucht bedingen einander ebenso wie der Wunsch nach überschaubaren Räumen und der unbändige Drang, sich aus deren Enge zu befreien. Ein vertrauensvolles Zusammenleben wird diese Dynamik von Nähe und Freiheit nicht nur zulassen, sondern sie fördern als Quelle von Leben und Glück.

Im ersten Drittel meines Buches geht es um den naturwissenschaftlichen Nachweis dieser »Glücksformel«.[1] Die wissenschaftliche Perspektive wird immer wieder verknüpft mit jahrtausendealten Erkenntnissen biblischer Theologie und Weisheit. So entsteht ein farbenfroher »Teppich« mit überraschenden Erkenntnismustern, die uns helfen, die Dimensionen des Glücks jenseits des familiären Erlebens, in den Ereignisfeldern von Arbeit und Freundschaft, zu entdecken.

Macht Arbeit glücklich? Die meisten Menschen gehen nicht gerne zur Arbeit und sind froh, wenn sie ihr an Feiertagen und im Urlaub entweichen können. Die Trennung des Lebens in ein Reich der Notwendigkeit und der (vermeintlichen) Freiheit hat fatale Auswirkungen auf das Wohlbefinden mit ernst zu nehmenden Konsequenzen für die seelische und körperliche Gesundheit. Der unglückliche Zustand der Arbeit ist mit dem System ihrer Fremdbestimmung durch Eigentum und undurchsichtige Macht- und Hierarchiestrukturen begründet worden. Auf der anderen Seite erfordert die industrielle und technologische Entwicklung die Zusammenarbeit der Menschen in Fertigung, Organisation und Verwaltung. Herrschaft, ungezügelter Karrierismus oder gar Mobbing sind Glücks- und Fortschrittsbremsen zugleich. Darum kündigt sich in der Forderung nach einer befriedigenden Arbeit ein realistischer und aussichtsreicher Widerstand gegen die bremsenden Funktionen der Arbeitsverhältnisse und ihrer Organisation an. Wenn Kollegialität gelingt, kann das Glück seinen Siegeszug selbst in einer vom Eigentum bestimmten Arbeit antreten. Nur dadurch sind auch jene Kräfte mobilisierbar, die die Strukturen von Macht und Herrschaft in die Knie zwingen. Das Glück wird zur Produktivkraft sozialer Umgestaltung.

Aber oft wird solches Glück durch die aktuellen, individuell erfahrenen Verhältnisse am Arbeitsplatz blockiert. Manchmal tut es Not auszusteigen, und die »Freisetzung« von Arbeit – ob vom Arbeitenden oder von den Mächtigen betrieben – birgt in sich die Möglichkeit für einen Neuanfang. Mir sind die Menschen in guter Erinnerung, denen der Ausbruch aus der Arbeit und ein Neuanfang mit einfachen Mitteln gelungen ist. Ich denke an die Frau, die alles, was sie hatte, verkaufte, ihre Schulden bezahlte und mit dem Wenigen, was ihr an Geld blieb, ein Stück unerschlossenes Land in den spanischen Pyrenäen kaufte. Mit Hilfe von Freunden baute sie sich ein kleines Haus aus den Steinen der Natur, in das sie mit ihren Kindern zog. Ich denke an den Mann, der sich aus den erdrückenden Fesseln des Versicherungsgeschäfts löste, um endlich Vater seiner Kinder zu werden.

Wovon leben sie? Die umgekehrte Frage macht Sinn: Wohin geht das Geld des mitteleuropäischen und nordamerikanischen Menschen? Nahezu ausnahmslos ist jede Familie so hoch verschuldet, dass sich ihre Zahlungsverpflichtungen über den Zeitraum einer ganzen Generation erstrecken. Wie Drogen kapern Kredite die Seele und lassen sie nach und nach versteinern, weil die Zeit über Jahrzehnte den Modalitäten von Zins- und Ratenzahlungen unterworfen wird. Aus einer verfügbaren wird eine verplante, »lineare« Zeit. Hier wurzelt ein starker Unglücksstrang des modernen Menschen. Die Voraussetzungen für den Neuanfang liegen im Kappen solcher individueller »Bankverbindungen« begründet. Für das »Restgeld« sorgt nach allen Einsparungen menschliche Kreativität und Gemeinschaft.

Das Entscheidende aber ist: Gefühle können wieder frei, die innere und äußere Natur neu erlebt werden, Gedanken können ungebunden durch die Zeiten ziehen, treffen dabei auf manches Rätsel und schaffen sich Raum zum Staunen und Bewundern. Der neu geborene Mensch wird empfänglich für die Kräfte des Ewigen, die hinter allem ruhen und doch in jedem Augenblick der Schöpfung spürbar werden.

In der Mitte des Buches wird sichtbar, dass unser Leben begleitet bleibt von der ursprünglichen Sehnsucht, Körper und

Seele selbst zu organisieren. Mit den Erfahrungen, wie Konflikte bewältigt, soziale und wirtschaftliche Unabhängigkeit hergestellt werden können, entsteht ein autonomes »Ich«.

Kein Ich ist lebenslang stabil. Kaum gehören familiäre und berufliche Abhängigkeiten der Vergangenheit an, befallen Krisen das intakte Ich. Die autonome Persönlichkeit wird von Trennungen und Krankheiten, Midlife-Crisis und Todesängsten erschüttert. Die gängige Glücksliteratur blendet die dunkle Seite des Lebens und den Tod aus, obgleich das Licht am ehesten in Absetzung von der Dunkelheit erkennbar wird. In der Regel erfahren Menschen die Anzeichen ihrer Neugeburt in der zweiten Lebenshälfte vor dem Hintergrund überschatteter Entwicklungsphasen, auf dem sich die Spuren vergangener Erfüllung und der Lichtschimmer zukünftigen Glücks abzeichnen.

Die Chancen, neu geboren zu werden, wachsen mit der Fülle der Erfahrungen und dem Alter der Menschen. Vielleicht ist dies der Vorzug des Älterwerdens. Zentnerschwere Lasten fallen von gebeugten Schultern, und mit der neu erfahrenen Leichtigkeit des Seins öffnen sich Räume für manche unerwartete Bekanntschaft. Sobald der Sinn des Lebens im tiefen Grund der Liebe verankert ist, werden alle Zentren relativ, worum die Gedanken und Gefühle so lange gekreist sind. Die ursprüngliche Entwicklung vom familiären Wir zum autonomen Ich erfährt eine Umkehrung auf erhöhtem Niveau. Die kollektive Erfahrung von Aufbruch und Krise, Liebe und Trauer, Euphorie und Absturz hinterlässt Spuren gemeinschaftlichen Empfindens, die jetzt umschlagen in Solidarität und Freundschaft. Solidarität entsteht in Konflikt- und Leidsituationen: Schüler, die gegen Leistungszwänge aufbegehren, Mitarbeiter, die Mobbing und Manipulationen trotzen, Alleingelassene, die sich begegnen, um gemeinsam ihre Trauer zu ertragen. Solidarität richtet sich gegen unerträgliche Zustände und unglückliche Erlebnisse. Ein glückliches Kontinuum kann entstehen, wenn erkennbar wird, wofür im Positiven Solidarität steht und was im Ergebnis aller Anstrengungen erhalten bleibt. Abgesehen von den sozialen und ökologischen Resultaten ist das Engagement erfolgreich, das von Freude begleitet ist und Freundschaft erzeugt. Jesus sagt: »Ich will euer Freund sein«,[2] und die zentralen Sätze seiner Bergpredigt beginnen mit der Prognose: »Freuen werden sich, die ...« Hierin zeichnen sich nicht nur die Umrisse einer Sozialethik ab, sondern hier wird ein Lebensgefühl sichtbar, das die ganze Bewegung der Nazarener erfasst hat. Im Nacherleben dieser Bewegung

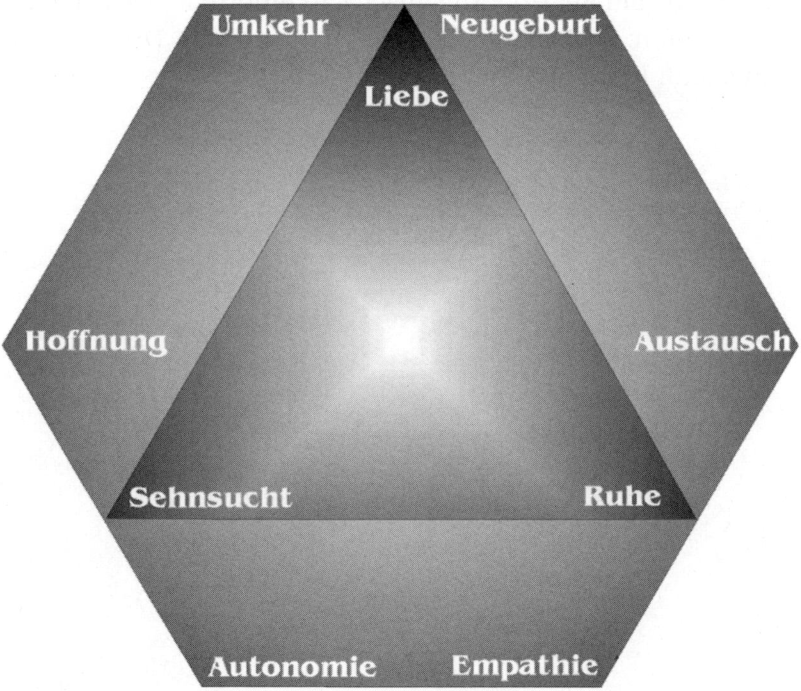

wird das Lebensglück spürbar, das sich ereignet, wenn wir neu geboren werden.

Mit dem Ausblick auf die Neugeburt im Leben nimmt die letzte der neun Quellen des Glücks im Schlusskapitel des Buches Gestalt an. Die Nummerierung der Kapitel ist identisch mit der Zählung dieser Quellen. Die drei ersten heißen: Sehnsucht, Ruhe und Liebe. Sie bilden die unabdingbare Voraussetzung für den Fluss des Lebens. Dieser Fluss kann in seinem weiteren Verlauf durch neue Quellen angereichert werden. Im Ergebnis entwicklungspsychologischer und theologischer Überlegungen werden dabei sechs besonders hervorgehoben: Austausch, Empathie, Autonomie, Hoffnung, Umkehr und Neugeburt. Ihre Entwicklungsfolge ist im Uhrzeigersinn vom Begriff »Austausch« an innerhalb des vorseitig abgebildeten Sechsecks ablesbar, das um das Dreieck von Sehnsucht, Ruhe und Liebe verläuft.

I.
Sehnsucht

Wo das Glück entspringt

Glück fällt nicht vom Himmel. Glück ist ein psychischer Zustand, eine Qualität der menschlichen Seele. Ein Mensch ist glücklich, weil er sich so empfindet, diesen Zustand als solchen wahrnehmen kann. Glücklich sein ist also die teils angeborene, teils erworbene Fähigkeit, den eigenen Organismus in all seinen Funktionen positiv empfinden zu können. Glück ist ein Spiegel der Seele. Die Aussage: »Ich bin glücklich« ist möglich, weil der menschliche Organismus psychisch in der Lage ist, sich selbst zu beobachten und zu beurteilen. Um also menschliches Glück beschreiben und die Voraussetzungen für sein Entstehen bestimmen zu können, ist es unumgänglich, sich mit den Funktionsweisen der menschlichen Seele zu befassen. Die Seele ist kein Organ, sie hat keinen bestimmbaren Ort im Körper. Sie gestaltet sich mit seiner Entstehung und im Verlaufe des gesamten Lebens eines Menschen. Die Seele ist eine psychische Gestalt. In ihr entstehen vor und während der Geburt sowie in den Stunden, Tagen und Monaten danach die Grundlagen für das Empfinden menschlichen Glücks.

Die Geburt der Seele

Meinen Sohn habe ich schon lange Zeit vor seiner Geburt gesehen. Damals war er gut zwei Zentimeter groß. Ich sah ihn über den Bildschirm schweben, wie an einer Liane, von einer Seite zur anderen. Mit einem Lächeln sagte der Arzt, während er auf dem Monitor die Ultraschallaufnahme betrachtete: »Der ist richtig in seinem Element.« Das hatte ich vorher noch nie gesehen. Ich fühlte so etwas wie Ehrfurcht und hörte mich innerlich beten: »Ich danke dir, lieber Gott, für deine Schöpfung, für deine Wunder, dafür, dass so etwas möglich ist.« Mir kam der Gedanke, dass dieses kleine Lebewesen eigentlich in einer ganz anderen Welt lebt. Ich musste daran denken, dass wir getragen sind. Wie kann man sich das Getragensein durch Gott besser vorstellen als durch die Tatsache, dass wir alle in der Regel neun Monate lang von unseren Müttern getragen wurden, wunderbar geborgen, aber in einer ganz anderen Welt? Dieses kleine Lebewesen, das ich da auf dem Monitor vor mir sah, atmete nicht Luft wie wir. Es lebte wie ein Fisch im Wasser. Es war dunkel. Gleichsam in einem schwerelosen Zustand bewegte es sich schwebend und lautlos wie ein Satellit im All. Ob es seine Umwelt für grenzenlos hielt?

Das Herz des Embryos schlägt schon, aber der Ernährungskreislauf bleibt über die Nabelschnur entscheidend mit der Mutter verbunden. Er ist eben noch nicht selbstständig. Und doch hat der Embryo in diesem Stadium der Schwangerschaft einen Bewegungsbereich, der für ihn schier grenzenlos sein muss. Was mag er empfinden in diesem schwebenden Zustand, in dem er sich nicht nur passiv bewegt, sondern bereits Richtung und Beschleunigung variiert, hin und her schwingt, mal schneller, mal langsamer? Die glückvolle Ruhe, die der Embryo ausstrahlt, scheint sich unmittelbar auf den Betrachter zu übertragen, als ginge von diesem kleinen, ganz am Anfang seiner Entwicklung stehenden Lebewesen Glück aus. Diese Art von Glück äußert sich nicht nur darin, geborgen und getragen zu sein, sondern auch in der Spontaneität seiner »eigenständigen« Bewegungen, vermittelt durch den Schwebezustand im Fruchtwasser.

Die Entdeckung des Selbst ist ein individueller Vorgang, und jedes erfahrene Selbst ist einzigartig. Auch eineiige Zwillinge kommen mit unterschiedlichen Gehirnen zur Welt, obwohl sie genetisch gesehen identisch sind. Dies hängt unter anderem damit zusammen, dass die Entfaltung der Gene immer von einem so genannten Entwicklungsrauschen begleitet ist. Indem unzählbare biologische Verbindungen im Verlauf der Entfaltung des embryonalen Gehirns entstehen, überschlägt sich der Entwicklungsprozess. Das Resultat dieser Entwicklung unterscheidet sich grundlegend von der genetischen Basis. Darum ist es möglich, dass sich die Gehirne eineiiger Zwillinge trotz identischer genetischer Ausstattung schon bei der Geburt qualitativ unterscheiden. Mögen Zwillinge einander noch so ähneln, vieles auf eine gleiche Weise tun, sind sie doch verschiedene Individuen, ausgestattet mit einzigartigen Seelen.

Dass der Mensch irgendwann nach seiner Geburt zu sich sagen kann: »Das bin ich«, ist es, was seine Seele ausmacht. Die Seele ist das Selbst, das Zentrum des Menschen, und sie bleibt sein größtes Geheimnis. Keiner der Wissenschaftler, die das Genom entschlüsselt haben, hat dabei auch nur im Entferntesten den Schlüssel für die menschliche Seele entdeckt.

Entwicklungsrauschen

Im Gegenteil: Die Redlichen unter ihnen sagen: »Gerade indem wir zu diesen naturwissenschaftlichen Erkenntnissen gelangen, erkennen wir das Wunder der menschlichen Seele.«[3] Auf geheimnisvolle Weise wird die Seele irgendwo zwischen Empfängnis und Geburt dem werdenden Leben eingepflanzt. Wann, wo und wie, wird nie jemand exakt bestimmen können. Was wir wissen, ist, dass jeder Mensch mit seiner Geburt eine Seele mit auf die Welt bringt.

Aber wie bringt er sie auf die Welt, welche psychischen Wandlungen vollziehen sich während der Geburt? Nachdem der Raum eng geworden ist, ist es nicht mehr möglich, darin zu schweben, sich frei und grenzenlos wie im All zu bewegen. Irgendwann bleibt nur noch die Möglichkeit, die alte, vertraute Welt hinter sich zu lassen. Und was für eine gefährliche Passage ist die Geburt! Immer mehr Krankheiten werden bekannt, die das Kind während der Geburt im Schnelldurchlauf durchmacht, um das Immunsystem aufzubauen. Im Moment der Geburt entfalten sich die Lungenflügel, weil es von nun an nicht mehr wie ein Fisch im Wasser lebt, sondern die Luft eines neuen Universums atmet. Unter der Geburt erfährt das Kind, was Schwerkraft ist, dass es kalt und warm gibt, und wenn es die Augen zum ersten Mal öffnet, verspürt es die Neuerscheinung schlechthin: Licht – wenngleich ein neugeborenes Kind Raum und Gestalten keinesfalls so wie wir wahrnehmen kann. Es ist tatsächlich eine ganz andere Welt, in die das Kind hineingeboren wird. Es lässt diesen ganz anderen, schwebenden Zustand, das flüssige Element, die grenzlose Ruhe und Dunkelheit hinter sich und kommt in eine Welt, die wir für selbstverständlich halten.

Und dann wird die silberne Schnur, wie im Alten Testament die Nabelschnur[4] auch genannt wird, durchschnitten. Von nun an wird das Kind zunehmend auf sich selbst gestellt sein. Und gleichzeitig bleibt die tiefe Sehnsucht nach dem alten Zustand, getragen und geborgen zu sein, erhalten. In wissenschaftlichen Versuchen hat man nach der Geburt die Babys von den Müttern getrennt und in andere Räume gelegt. In der Folge wurden sie zunehmend unruhiger. Nun hat man das Geräusch des klopfenden Herzens der Mutter mittels eines Lautsprechers in dieses Zimmer übertragen; in dem Moment, wo die Säuglinge das Herzklopfen ihrer Mütter hörten, wurden sie ruhiger. Jede Mutter, ob Rechts- oder Linkshänderin, nimmt deshalb ihr Kind an die Seite ihres Herzens, damit es das Herzklopfen wahrnehmen kann. In der Wiederkehr vertrauter Erlebnisse spürt das Kind Geborgenheit: Ich bin eins mit dir. Dieses Gefühl wird den Menschen im Laufe seines Lebens niemals verlassen. Jenseits von Geburtsschmerz und Urschrei wird ihn die Sehnsucht nach vertrauter Nähe durch sein ganzes Leben begleiten. Andererseits entsteht mit der Geburt die Option für ein selbstbestimmtes Leben. Sicherlich bringen wir die Seele als ein Gottesgeschenk mit auf die Welt und mit ihr ganz eigentümliche und ursprüngliche Fähigkeiten. Aber die Seele will zur Entfaltung gebracht werden, und jeder Moment in unserem Leben ist auch dafür da, dass wir ihn in uns aufnehmen, um unsere Seele anzureichern. Diese Notwendigkeit psychischer Entfaltung wird oft übersehen, wenn man meint, die Einmaligkeit des Menschen bestünde darin, dass Begabungen und Talente schlicht und einfach angeboren seien. Die Quellen der schönsten Bereicherung sind gewiss, wenn wir uns verlieben, wenn wir Menschen gerne haben, wenn wir uns versöhnen, wenn uns das Herz aufgeht. Dann lassen wir die Dinge in unsere Seele hinein. Dadurch entwickelt sich die Seele.

Wann gelangen wir an das Ende der psychischen Entwicklung? Gewiss dann, wenn die silberne Schnur zum zweiten Mal durchschnitten wird. So wie wir in unserer Existenz vor der Geburt nicht geahnt haben, welche Welt da auf uns zukommt, so haben wir jetzt, wenn überhaupt, nur eine vage Ahnung, welche Welt auf uns wartet, welche Zeiten, welche Räume. Wenn wir also diesen Weltenraum verlassen, um in die neue Welt hineingeboren zu werden, können wir uns tragen lassen von jenem Urvertrauen, das die uns schon bekannten Welten in uns geschaffen haben. Dieses Vertrauen kann die Zuversicht in einem Sinn erzeugen, der nicht auf den Sand des Zufalls baut.

Die Quelle der Sehnsucht

Jeder Aufbruch ist gut, wenn er von einem Urvertrauen getragen ist.

II.
Ruhe

Im Puls der Zeit

In der Bibel gibt es im Lukasevangelium im Kapitel 13 die Geschichte der Heilung einer verkrümmten Frau, die im Laufe von 18 Jahren so krumm geworden war, dass sie sich schließlich überhaupt nicht mehr aufrichten konnte. Verursacht wurde das Gebrechen durch einen »Geist der Schwachheit«. Es war an einem Sabbat, dem Tag der Ruhe, als Jesus ihr die Hände auflegte und eine solche Kraft in dieser Frau erzeugte, dass sie sich aus ihrer zusammengekrümmten Haltung wieder aufrichten konnte.

Was war passiert? Die Frau erlebte die Kraft der Ruhe und zugleich eine neue Aktivität in ihrem Sich-Aufrichten. In der Heilungsgeschichte ist die Dynamik von Ruhe und Aktivität ausschlaggebend. Das ist kein Zufall, denn diese Dynamik durchzieht die ganze Bibel. Das erste Tätigkeitswort in der

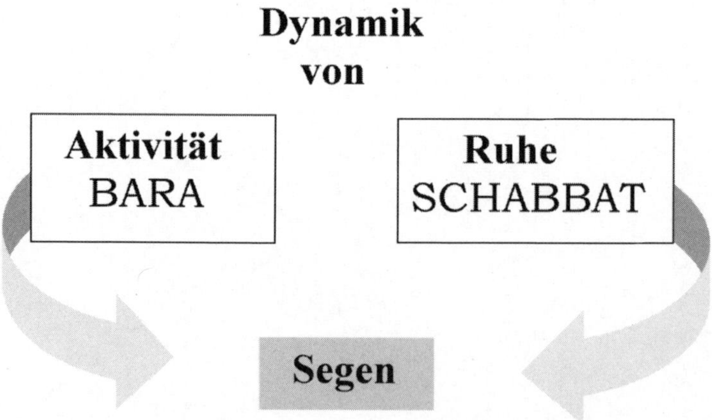

Hebräischen Bibel, die wir das Alte Testament nennen, lautet »schaffen«. »Am Anfang schuf Gott Himmel und Erde.« Im Hebräischen heißt »schaffen« *bara*. Dieses Wort bedeutet: etwas in Bewegung setzen, schöpferisch gestalten, etwas aufbauen. Dieser Schaffensprozess durchzieht die Geschichten des Alten wie des Neuen Testaments. Am siebten Tag jedoch ruhte Gott. Die Schaffensprozesse münden in Ruhe, dem entgegengesetzten Pol der Dynamik. Es handelt sich hier um das Verb *schabat*: ruhen. Daraus ist *schabbat* geworden, der Sabbat. Alles kehrt zu einer ursprünglichen Ruhe zurück. Zwischen den Polen fließt die Energie ständig hin und zurück.

Unser Leben besteht einerseits aus Aktivität und positiver Energie. Aber daraus alleine können wir nicht existieren. Auf der anderen Seite bedürfen wir immer auch der Ruhe, so dass wir schließlich sagen können: Ich ruhe in mir selbst. »Von guten Mächten wunderbar geborgen, erwarten wir getrost, was kommen mag. Gott ist bei uns am Abend und am Morgen und ganz gewiss an jedem neuen Tag.« Der das gesagt hat, Dietrich Bonhoeffer, war nicht ein Mann, der die Hände in den Schoß gelegt hätte. Im Gegenteil: Er war ein Aktivist. Aber er hatte auch eine innere Ruhe, sonst hätte er die schwere Zeit im Gefängnis als politischer Gefangener der Nazis nicht so lange durchstehen können.

Leben pulsiert im Rhythmus von Spannung und Entspannung, nicht allein äußerlich, auch innerlich: Unser Wohlbefinden hängt ab vom Zusammenklang erregender und beruhigender Funktionen des Nervensystems. Jeder Missklang wird vom Körper als Unruhe registriert und bei weiterem Fortschreiten vom Arzt als vegetative Störung diagnostiziert. Auf die eine oder andere Weise leidet jeder zweite Mensch in den modernen Gesellschaften unter vegetativen Störungen. Dies hängt ganz offensichtlich damit zusammen, dass Menschen sich nicht mehr mit dem begnügen und an dem freuen können, was sie haben. Trotz allen Reichtums, den es in den großen Industrienationen gibt, scheinen die Menschen eher unglücklich als zufrieden zu sein. In den Straßen sehen sie aneinander vorbei, und sie misstrauen sich an den Stätten ihrer Arbeit. Ihr Leben rauscht an ihnen vorüber, erscheint vielen als perspektivlos und sinnentleert. Desorientierung und Verzweiflung breiten sich aus – psychische Armut mitten im Reichtum. Mancher erkennt, auf welchem Holzweg er ist, wenn er im Dickicht menschlicher Verstrickung endet. Mancher erkennt, dass die Jagd nach immer mehr und mehr, der Kampf jeder gegen jeden das Gleichgewicht von Aktivität und Ruhe völlig durcheinander gebracht haben. Dabei sind die Verhältnisse so aus den Fugen geraten, dass es völlig aussichtslos zu sein scheint, sie wieder ins Lot zu bringen. Maßloser Konsum zerstört unsere Umwelt und verschwendet die Ressourcen der Erde.

In der Ruhe liegt die Kraft! Würden beispielsweise alle Menschen auf der Welt ihren jeweiligen Energieverbrauch um die Hälfte reduzieren, so würden sich im Verhältnis zur Summe dieser Anstrengungen die natürlichen Gattungen und die Erdatmosphäre nicht einfach nur um das Doppelte erholen. Alle natürlichen Prozesse würden vielmehr *auf ganz neue Art und Weise* wieder zu pulsieren und zu fluktuieren beginnen. Vielleicht käme es zu einer regelrechten Auferstehung der gefallenen Natur. Mit den Menschen würde sie sich wieder aufrichten wie die verkrümmte Frau in der biblischen Heilungsgeschichte.

Das Glück und das Nervensystem

Wenn sich Aktivität und Ruhe in dynamischem Einklang miteinander befinden, kann man von Glück sprechen. Glück ist kein Zufall. Es ist abhängig von Entscheidungen des menschlichen Gehirns. Anders als ein Computer verarbeitet jede Nervenzelle im Moment ihrer Aktivierung etwa tausend Informationen und gibt entsprechend viele an andere Zellen weiter. In Bruchteilen von Sekunden werden Entscheidungen für das Leben getroffen. Davon ist das Glück bestimmt. Doch haben wir es in der Hand? Auffallend oft entscheiden wir uns für das Unglücklich-Sein. Deshalb stellt sich die Frage nach dem Verhältnis von Willen und Glück.

In unserem Nervensystem existieren zwei große Funktionsbereiche: das *willentliche* und das *vegetative Nervensystem*. Wenn wir beispielsweise eine Handbewegung machen, so geschieht dies als ein willentlicher Akt. Aber dass dabei unser Herz schneller schlägt, weil wir vielleicht Unruhe und Angst empfinden, oder dass wir ängstlich sind, von der Frage beherrscht: »Wird alles gut gehen?«, hängt vom vegetativen Nervensystem ab. Das Herz schlägt, auf einmal spürt man Wärme, Hitze oder Ängste, die unvermittelt kommen. Vielleicht hat man etwas Falsches gesagt, wird dabei rot im Gesicht, was andere wiederum bemerken; die Röte steigt, das unangenehme Gefühl wird noch größer.

Das nicht vom Willen beeinflusste vegetative Nervensystem haben wir von Geburt an. Aber im Verlauf unserer körperlichen und nervlichen Entwicklung, vorwiegend während der Großhirnentwicklung in den ersten fünf Lebensjahren, ergeben sich Verknüpfungen im menschlichen Gehirn zwischen dem, was wir bewusst wahrnehmen und entscheiden, und dem, was im Unterbewusstsein eher vegetativ abläuft. So beispielsweise beim Rotwerden, was bei den Menschen durchaus unterschiedlich ist: Manche schämen sich schnell; bei anderen ist es so, als hätten sie damit gar keine Probleme.

Biologisch bedeutet Lernen, dass sich im Verlauf der ersten Lebensjahre die Nervenfasern des Gehirns, insbesondere des Großhirns, miteinander verbinden, verknüpfen. Es werden ganze Zellverbände geschaffen. Das Gehirn eines Kleinstkindes sieht im Querschnitt weiß aus, das eines Erwachsenen ist grau. Nicht etwa weil die Nervenzellen ergrauen, sondern weil sie sich im Lauf des Heranwachsens milliardenfach miteinander verknüpfen. Die Gesamtlänge der miteinander verbundenen Nervenfasern übersteigt die doppelte Strecke von der Erde bis zum Mond.

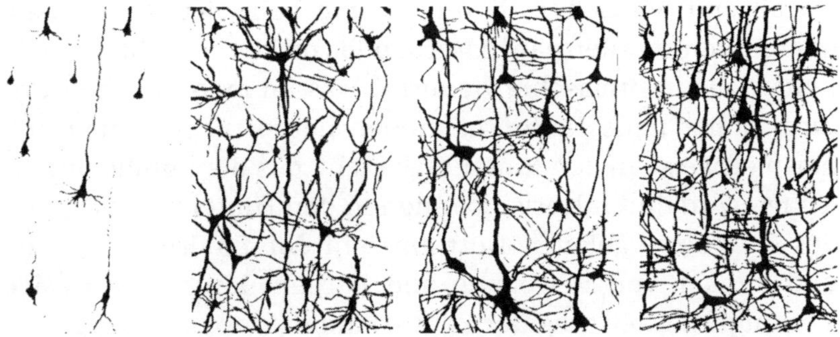

Neuronale Verknüpfung bei Geburt | Neuronale Verknüpfung 3 Monate | Neuronale Verknüpfung 15 Monate | Neuronale Verknüpfung 3 Jahre

Die Zellen des Großhirns verknüpfen sich dabei auch mit den angeborenen Anteilen des vegetativen Nervensystems. Vegetative Prozesse und Vorgänge des bewussten Denkens innerhalb des Großhirns kommunizieren auf eine der Forschung noch recht unbekannte Weise miteinander. Als erwachsene Menschen können wir dies daran erkennen, dass Ängste auf eine andere Weise gelöst und zu Tage gefördert werden, als dies in unserer Kindheit geschah. Es mag sein, dass ein ganz kleines Kind, wenn es vor einem Abgrund steht, instinktiv zurückschreckt. Dies wäre eine durchaus sinnvolle Angst. Feststellbar ist sie bei einer großen Anzahl von Tierarten. Aber wir haben auch ganz irrationale Ängste. Wir haben beispielsweise Angst davor, von anderen Menschen ertappt zu werden: »Wie stehe ich dann da, was sagen die Leute über mich, wenn sie mich in dieser oder jener Kleidung sehen, wie reden sie dann?« *Soziale Angst* reift im Laufe des Lebens heran. Dabei handelt es sich um jene Verknüpfungen, von denen gerade die Rede war: Verknüpfungen zwischen nichtwillentlichen, *vegetativen* Abläufen und *gelernten* Reaktionsweisen.

Während wir sehen, hören, schmecken, riechen, denken oder fühlen, werden ganze Verbände von Nervenzellen erregt, Zellen, die breitmaschig »feuern«, was im menschlichen Gehirn immer neue Kettenreaktionen hervorruft. Schauen wir beispielsweise in den Raum: Das Licht, das die Pupille durchdringt, wird durch Nervenbahnen in den Hinterhauptslappen des Großhirns geleitet. Dort entsteht der Eindruck von hell und dunkel, von Bewegung und Farben durch eine riesige Verknüpfungsleistung der Zellverbände.

Es ist eben nicht automatisch so, dass ein Baby nach der Geburt die Augen öffnet und alles sehen kann. Sein Gehirn muss erst die Verknüpfungen herstellen, die den empfangenen visuellen Nervenreizen ihre Bedeutung geben. Die zellulären Verknüpfungen eines erwachsenen Gehirns sind im Wesentlichen abgeschlossen. Jede Projektion auf die Sehnerven der

Augen löst im Hinterhauptslappen unseres Großhirns eine analoge Reaktionsverkettung aus, so dass bereits bei einer einfachen Bewegung des Kopfes mit der entsprechenden Variation des Gesichtsfeldes Millionen von Nervenzellen feuern. Hiermit gehen neue Assoziationen einher: Weitere, oft ganz anders gelagerte Zellensysteme feuern mit, beispielsweise beim Wahrnehmen der Farbe Grün. Das Gefühl von Frühling kann mit dieser Farbe aufkommen, Sehnsüchte können aufleben: Man wollte doch irgendwohin fahren, einen Ausflug unternehmen. Auf Frühling folgt Sommer. Im Sommer war ich im letzten Jahr am Mittelmeer. In einer kleinen Bucht – habe ich mich da nicht verliebt? Der Wind des Meeres und die Gerüche von Muscheln und Tang scheinen zurückzukehren. Mit der fantasiereichen Wiederkehr der Erinnerungen lebt aber nicht nur Vergangenes auf, sondern mit ihm wird Gegenwärtiges unmittelbar verknüpft. Es handelt sich also in jedem Moment auch um einen kreativen Prozess, um *bara*.

Gäbe es ausschließlich diese Aktivität, stünden wir ständig unter Strom. Wir würden überhaupt nicht mehr zur Ruhe und gar nicht mehr zum eigentlichen Leben kommen. Aber so ist es Gott sei Dank nicht. Denn neben dem aktivierenden Part, dem Erzeugen von Prozessen, laufen im Gehirn Vorgänge der Beruhigung ab. Dieses geschieht in jeder noch so winzigen, einzelnen Nervenzelle und deren Verästelungen sowie im gesamten System des menschlichen Gehirns.

Ich möchte dies am Beispiel einer Nervenzelle veranschaulichen. Jede Nervenzelle – oder jedes Neuron – hat einen bizarr aussehenden Zellkörper mit zahlreichen kleinen, oft dichten Verästelungen, den *Dendriten,* und einer stärkeren, meist sehr langen Faser, dem *Axon*.

Man muss sich vergegenwärtigen, dass jede einzelne Nervenzelle wie ein selbstständiges Lebewesen Verbindungen mit

Mädchen oder alte Frau – wie verknüpft es das Gehirn?

anderen eingehen kann, Verbindungen, mit denen die maßgeblichen Netzwerke des menschlichen Großhirns im Verlauf der ersten fünf Lebensjahre gebildet werden. Dadurch wird die Nervenzelle befähigt, elektrische Impulse an andere Zellen weiterzugeben. Vom Zellkörper ausgehend wird über das Axon der Impuls zur Nachbarzelle weitergeleitet. Interessant ist nun, dass der elektrische Strom nicht einfach von einer zur anderen Zelle fließt, sondern an einem Übergang vom Axon zur Nachbarzelle gestoppt wird. Es kommt also bereits im Augenblick der Übertragung von elektrischen Impulsen zu einer Unterbrechung, einer Ruhepause. Bei allen Zellen ist an den entscheidenden Verknüpfungspunkten, den *Synapsen*, gewissermaßen diese Bremse eingebaut. Das Modell einer Synapse kann man bei sich selber herstellen, wenn man die Hände zu Fäusten ballt und die Knöchel mit einem Abstand von einem Zentimeter gegeneinander hält. Im Gehirn gibt es schätzungsweise 500 Billionen solcher Synapsen!

Kommt von einer Zelle also ein elektrischer Impuls über das Axon und möchte zur Nachbarzelle, so gelangt er an den synaptischen Spalt, der zunächst unüberbrückbar zu sein scheint. In dem Moment jedoch, wo der elektrische Impuls ankommt, platzen kleine Bläschen, die an diesem Spalt angesiedelt sind. Die Bläschen enthalten eine chemische Substanz, die nun in den Spalt eingeschüttet wird. Danach kann mittels dieser »Transmittersubstanz« der elektrische Impuls durch den Spalt hindurch fortgesetzt werden. Auf die Nachbarzelle hat dies je nach chemischer Zusammensetzung der Transmittersubstanz entweder beruhigenden oder aktivierenden Einfluss. Deshalb spricht man von erregenden, positiven, oder beruhigenden, also negativen Synapsen. Ein weitergeleiteter Impuls wird in der Nachbarzelle ein so genanntes *Generatorpotenzial* aufbauen. Kommen nun bei dieser Zelle, die ja auch noch mit anderen in Verbindung steht, mehrere solcher Impulse an, dann ist ab einem bestimmten Zeitpunkt eine kritische Höhe des Generatorpotenzials erreicht. An diesem Punkt wird ein *Aktionspotenzial* ausgelöst: Die Nervenzelle *feuert*! Damit löst sie ihrerseits elektrische Impulse aus, die über andere synaptische Verbindungen weitergeleitet werden. Im Schneeballprinzip können augenblicklich ganze Zellverbände aktiviert werden. Das Prinzip dieses Systems ist einfach: alles oder nichts. Wir haben hier im Kleinsten all das, was wir im kosmischen Geschehen ebenso vorfinden: Aktivität und Beruhigung, Licht und Dunkel.

Ohne die Unterbrechung der elektrischen Nervenimpulse würden wir nur zittern und vibrieren wie bei einem epileptischen Anfall. Daher sorgt das Nervensystem für Beruhigung durch den Chemiecocktail in den Synapsen. Dennoch gibt es einen gewissen Überschuss von positiven, aktivierenden Synapsen. Es ist das Quäntchen Vorsprung an positiver nervlicher Aktivität, das den Handlungsüberschuss des Lebens erzeugt. So entsteht das, was wir die Lebensenergie nennen.

Wie jede einzelne Nervenzelle, so ist auch das gesamte Nervensystem bestimmt von der Dynamik von Aktivität und Ruhe.

Das vegetative Nervensystem besteht aus *Sympathikus* und *Parasympathikus* als zwei Funktionsbereichen. Der Sympathikus stellt die erregende, die aktivierende Kraft des vegetativen Nervensystems dar. Diese Kraft wird wirksam, wenn jemand rot wird, der Blutdruck steigt, das Herz schneller schlägt. Die Kraft des Sympathikus empfinden wir in der erotischen Zärtlichkeit, der sexuellen Erregung: Die Sexualorgane schwellen an, plastisch zeigt sich die Sehnsucht nach dem anderen. Auch die Pupillen vergrößern sich. Schon die Frauen im alten Ägypten wussten, dass man eine Substanz in die Augen geben kann, nämlich Belladonna, was übersetzt »schöne Frau« heißt.

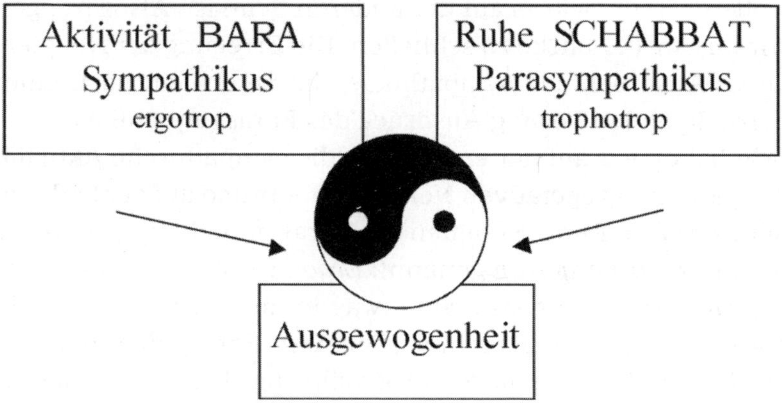

Diese Substanz ist in der Lage, die Pupillen künstlich zu vergrößern, was die Anziehungskraft auf Männer erhöhen sollte. Wissenschaftlich wurde das getestet, indem man Männern zwei Testbilder von ein und derselben Frau vorgelegt hat, nur einmal war das Schwarze in ihren Augen unmerklich vergrößert gegenüber dem anderen Bild. Im Resultat haben die Männer positiv auf die Bilder mit den leicht vergrößerten Pupillen reagiert: »Sympathisch, weil's erregend ist!«

Sexualität ist also ein vegetativer Bereich. Wir empfinden die Erregung. Auf der anderen Seite spüren wir das sehnsüchtige Gefühl, dass die Erregung sich wieder beruhigen möge. In der Sexualität ist es der Orgasmus, der zur Befriedigung führt. Danach ist alles wieder beruhigt. Am Beispiel der Sexualität lässt sich das Zusammenspiel von Sympathikus und Parasympathikus leicht verdeutlichen. Auch auf anderen Ebenen des zwischenmenschlichen Verhaltens ist dieses Zusammenspiel gut nachvollziehbar. Nehmen wir das Beispiel der Neugierde: Man möchte etwas erfahren, möchte zur Lösung eines Problems kommen. Da scheint etwas in einem nicht überbrückbaren Widerspruch zu sein; da ist eine Lücke, und wir wollen wissen, wie es auf der anderen Seite ist. Also strengen wir uns an, die Lücke zu schließen. Die Erregung der Neugierde ist Ausdruck des Sympathikus, die Sehnsucht nach einer befriedigenden Lösung Ausdruck des Parasympathikus.

So haben wir auf der einen Seite die sympathische Aktivität des gesamten vegetativen Nervensystems und auf der anderen Seite das Zur-Ruhe-Kommen des Parasympathikus. Der Sympathikus wird *ergotrop* genannt: *Ergon* ist die Tat; diese Seite des Nervensystems also will etwas in die Tat umsetzen, will etwas schaffen, will kreativ sein. Der Parasympathikus ist *trophotrop*. *Trophos* bedeutet Ernährung. Ernährung hat etwas Beruhigendes; wir fühlen uns nach einem guten Essen ruhiger und müder. Das Ganze des vegetativen Prozesses ist ein Kreislauf. Das, was wir in Bewegung setzen wollen, soll auch wieder zur Ruhe gelangen. Darum ist im Buddhismus die Rede vom Nirwana-Prinzip. Im Letzten soll alles wieder zur Ruhe kommen. Leben und Tod, Aktivität und Ruhe – zwei Prinzipien des vegetativen Nervensystems, die ausgewogen sein müssen! Diese Ausgewogenheit herzustellen, ist ein Zivilisationsproblem. Das heißt also: Wir haben das Problem, dass wir entweder zu aktiv sind oder zu passiv, und beides ist hinderlich auf dem Weg zu einer glücklichen Existenz.

Die vegetative Unausgewogenheit macht sich besonders in den Zentren des vegetativen Geschehens, etwa in Gestalt von Schmerzen, bemerkbar. Ein solches Zentrum ist das Sonnengeflecht (Solarplexus). Ein weiteres Zentrum ist bei den Herzklappen angesiedelt; wird es irritiert, können nicht nur Schmerzen, sondern auch Herzrhythmus-Störungen entstehen. Man kann es sich so vorstellen, dass der Fluss des vegetativen Nervensystems unterbrochen ist. Es kommt zu Stauungen innerhalb des nervlichen Stroms, wodurch eine unnatürliche Form der Unruhe entsteht. Wir fühlen uns nicht mehr wohl in unserer Haut. Wir bekommen zum Beispiel Angstzustände, haben Schmerzen, sind unruhig; wir wissen nicht, wie es weitergehen soll, wir werden krank.

Meine These ist die, dass seelische und körperliche Erkrankungen mit einer solchen Unruhe im Fluss von Sympathikus und Parasympathikus zusammenhängen. Umgekehrt: Je ausgewogener wir leben, umso eher wappnen wir uns gegen Krankheiten und fördern in uns Heilungsprozesse. Es ist der gleichförmige Strom zwischen den Polen von Erregung und Befriedigung der Körpergefühle, von Spannung und Entspannung der Lebensgeister, auf den es ankommt. Diese Ruhe wird zur Quelle einer glücklichen Existenz: In der Ruhe liegt die Kraft!

Jeder Mensch hat irgendwelche Krankheitsformen in sich. Wir alle werden in irgendeiner Weise kranke Zellen in uns haben, aber wir »verstoffwechseln« sie durch das *Fließgleichgewicht* von Sympathikus und Parasympathikus. Die Dinge, die uns beunruhigen – Stress, Trauer und unverwundene Enttäuschungen, die wir uns zu Herzen nehmen –, verursachen Stauungen innerhalb des vegetativen Flusses. Die damit einhergehende muskulöse Verspannung führt dazu, dass die lebenswichtigen Organe unterversorgt werden. Das schwächste Glied der Körperkette reißt. Der Organismus wird krank!

Ich möchte dies mit Blick auf die Entstehung und den Verlauf psychischer Krankheiten verdeutlichen. Depressionen hängen unter anderem damit zusammen, dass das, was wir lebensgeschichtlich erfahren, sich irgendwann im Nervensystem niederschlägt. Ganz besonders betroffen ist davon die Transmittersubstanz, die verantwortlich ist für die Übertragung nervlicher Impulse. Die Ausschüttung dieses Stoffes gerät ins Stocken, weil im Verlauf depressiver Inaktivität die Bläschen am synaptischen Spalt nur noch unregelmäßig platzen. Es liegt also bereits eine organische Störung vor.

Aber der Beginn einer Depression liegt dann schon weiter zurück. In der Regel wird eine Depression durch äußere Störungen verursacht, Störungen, die als niederdrückend erfahren werden. Die erlebte Trübseligkeit führt irgendwann zu den beschriebenen chemischen Veränderungen im Gehirn. Das, was äußere, milieubedingte Ursachen hat, wird im Gehirn zu einem neurophysiologischen Tatbestand erhärtet. Eine psychische Erkrankung ist zu einer körperlichen geworden, wurde somatisiert. Die Frage ist: Inwieweit können psychische Störungen des Nervensystems andere krankhafte Verhärtungen erzeugen? Denn hier liegen zumindest auch die Ursachen für die Deformation von Körperzellen, die im weiteren Krankheitsverlauf zu aggressiven, körperschädigenden Krebszellen mutieren können.

Was aber können wir für unser Wohlbefinden tun? Es ist schließlich die entscheidende Voraussetzung für Heilung und Glück. Vor einiger Zeit berichteten mir Krebspatientinnen, dass sie im Krankenhaus geschminkt worden seien. Dadurch sollten sie sich ein wenig wohler fühlen in ihrer Haut, zum Beispiel nach einer Chemotherapie. Das seelische Wohlbefinden ist also auch eine Voraussetzung für den Heilungsprozess. Hier spüren wir wieder etwas von dem Kreislauf des vegetativen Geschehens, den wir nicht willentlich steuern können, aber auf den wir durch unser Bewusstsein und unser Handeln Einfluss nehmen können. Wir können sehr wohl etwas tun gegen unsere Ängste, gegen unsere Verkrampfungen, gegen unsere Scheu, auf Menschen zuzugehen. Schließlich ist das, was an innerem Fluss in einem Menschen vonstatten geht, immer nur möglich, wenn es auch im Außenverhältnis unter den Menschen zu fließenden Austauschprozessen kommt. Wenn also der Fluss von Sympathikus und Parasympathikus in einer ausgewogenen Weise verlaufen soll, sind wir darauf angewiesen, dass Fließprozesse unter den Menschen stattfinden. Und dies auf körperliche und seelische Weise: Vertrautheit, Nähe, Ehrlichkeit, das Gefühl, hier bin ich bei jemand anderem gut aufgehoben, da gibt es eine Gruppe von Menschen, die füreinander da sind, wo man ein Miteinander spürt. Aus einem ähnlichen Empfinden kann sich Intimität entwickeln, die zu einem fließenden Austausch von Gedanken und Gefühlen führt. Dieser äußere »Fluss« kann schließlich manch inneren Damm zum Einsturz bringen und ein neues vegetatives Fließgleichgewicht erzeugen.

Jesus heilt, indem er den Menschen beruhigend die Hände auflegt. Durch die Art seiner Erscheinung und seines Auftretens mit seinen Freundinnen und Freunden – das Gemeinschaftliche der Heilungsaktionen ist dabei nicht ohne Bedeutung – wird zum Ausdruck gebracht: Etwas hat sich unter den Menschen gestaltet, ist erneut in Fluss gekommen, Aktivität und Ruhe sind wieder in eine dynamische, fließende Beziehung gelangt. Glück ist geschehen, das wir nacherleben können. Wir überwinden unsere Ängste, indem wir uns mit Menschen verbinden, als seien es neu gewählte Verwandte, um durch die soziale Beziehung das Aufleben der inneren Kräfte zu spüren. Gerade die Menschen der Moderne, in einem sehr hektischen Zeitgeschehen, wo alles so beliebig zu sein scheint, brauchen das ganz dringend! Insofern sind Krebs und Herz-Kreislauf-Erkrankungen auch Zivilisationserkrankungen, weil wir wenig ausgewogen sind, weil uns der Fluss des vegetativen Nervensystems abhanden gekommen ist. Wir können alle einen Beitrag zu inneren Heilungsvorgängen leisten, wenn wir eine vertrauensvolle Atmosphäre mit den Menschen herstellen, die uns mit ihren erfreulichen und sorgenvollen Botschaften begegnen: einfühlsam, nahe, gütig, wertschätzend, spürend, da ist ein anderer Mensch, dessen Sehnsüchte denen gleichen, von denen mein eigenes Leben getragen ist. Da entsteht etwas, das meine Seele durchdringt und in mir selbst einen Fluss freisetzt, der alle Ängste, alle Verkrampfungen fortschwemmt. Ein neues Gefühl von Glück kann entstehen.

Dies ist ein Prozess, der nicht vom Himmel fällt. Wir müssen aktiv auf Menschen zugehen, um mit ihnen die Gemeinschaft zu erleben. Dies ist Aufgabe der christlichen Gemeinden; nicht zufällig ist in der Apostelgeschichte ständig die Rede von Heilung in der Gemeinde und durch sie. Heilung ist ein Geschehen, ein Geschenk, und es kommt darauf an, dass es in den Menschen Gestalt annehmen kann. Aus eigener Erfahrung kann ich von zahlreichen Menschen berichten, denen dieses Geheimnis psychosomatischer Heilung zuteil geworden ist. Viele von ihnen hatten es sehr schwer, sie mussten so kämpfen, aber welche Kräfte haben sie mobilisiert im Sinne der Aktivierung, aber auch im Sinne von Ruhe und Beruhigung – Kräfte, die mir an manchem Krankenbett begegneten, wenn aus den Augen der Patienten die Zuversicht sprach: »Ich bin doch geborgen, es ist gut.« Hier waren Menschen, die trotz ihrer Krankheit Augenblicke des Glücks empfinden konnten. Und selbst dann, wenn so ein lieber Mensch später starb, hatte er doch in der Krankheit noch so viel Leben genossen. Dies war das Kleinod eines Wunders. Darin konnte ich spüren: Nicht die Zeit des Lebens ist entscheidend, sondern das Leben in den Zeiten.

Manchmal kann man auch innerhalb einer Krankheit eine außergewöhnlich aktive und beruhigende Zeit erfahren, wie man sie vorher noch nie erlebt hat. Das ist mehr als nur ein Trost. Das ist die Hoffnung, die im Evangelium von Jesus ruht, der selbst nur eine kurze Zeit gelebt hat. Aber er wurde zu einer Unendlichkeit, so dass wir heute über die Ereignisse seiner Zeit reden können und über ihn, als wäre er mitten unter uns mit der Kraft seines Geistes, eines Flusses von Aktivität und Ruhe.

Die Quelle der Ruhe

In der Ruhe liegt die Kraft.

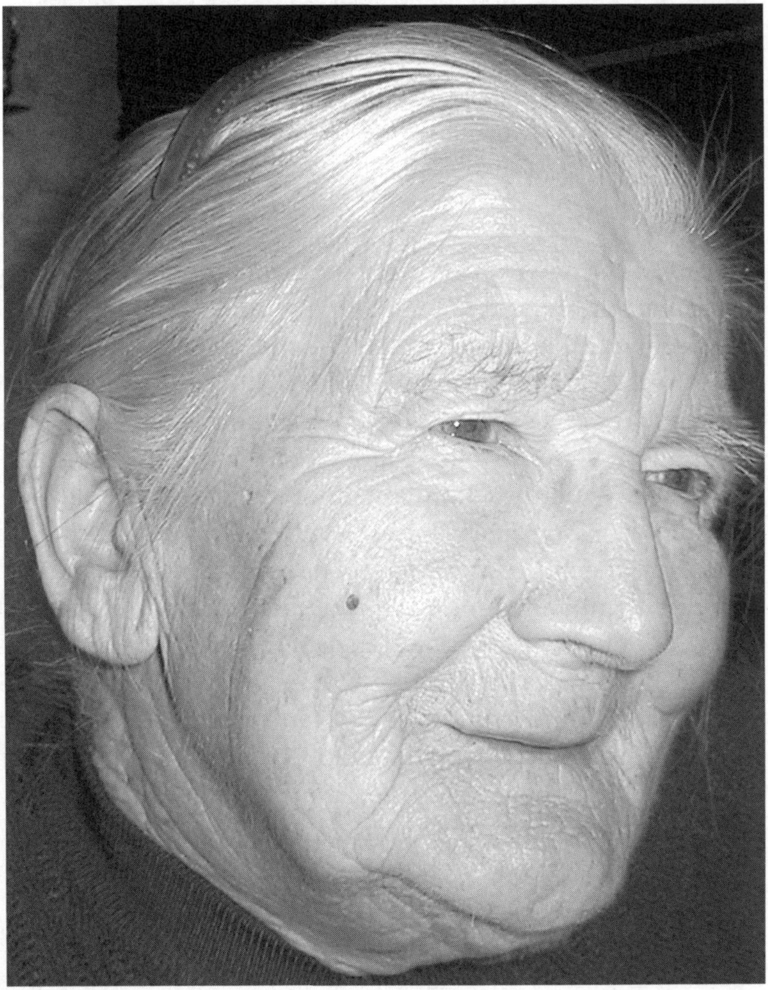

Meditation: Du erquickst meine Seele

Der HERR ist mein Hirte, mir wird nichts mangeln. Er weidet mich auf einer grünen Aue und führet mich zum frischen Wasser. Er erquicket meine Seele. Er führet mich auf rechter Straße um seines Namens willen. Und ob ich schon wanderte im finstern Tal, fürchte ich kein Unglück; denn du bist bei mir, dein Stecken und Stab trösten mich. Du bereitest vor mir einen Tisch im Angesicht meiner Feinde. Du salbest mein Haupt mit Öl und schenkest mir voll ein. Gutes und Barmherzigkeit werden mir folgen mein Leben lang, und ich werde bleiben im Hause des HERRN immerdar.

Psalm 23,1–6

»Der Herr ist mein Hirte, mir wird nichts mangeln.« Der Psalm vermittelt Schutz und Geborgenheit, Sehnsucht und Erinnerung. Bilder der eigenen Geschichte werden wach.

»Er weidet mich auf einer grünen Aue und führet mich zum frischen Wasser.« Der Vers erinnert mich an meine Kindheit. In meiner Heimatstadt wohnten wir an einer Bauernwiese, die heute schon lange bebaut ist. Als kleine Jungen sind wir über diese Wiese gelaufen. Wenn im Frühling die Dornenhecken darauf ganz ausgedorrt waren, spürten wir einen unbändigen Drang, sie anzuzünden. Fasziniert und ein wenig verängstigt sind wir in die Richtung eines großen Waldes gerannt. Irgendwo in dem Wald, ganz versteckt, gab es eine grüne Aue. Es war eine wilde Wiese mit Blumen und wilden Apfelbäumen. Im Frühling haben wir da oft gelegen, in die Sonne geschaut oder in die vorbeiziehenden Wolken und haben geträumt von der Welt, von dem, was uns erwartet. Und wenn man damals schon ein bisschen verliebt war, dann war das Träumen umso schöner.

»Er führt mich zum frischem Wasser. Er erquickt meine Seele.« Alle Menschen haben auf irgendeine Weise etwas

Liebes im Leben gefunden. Deswegen brauchen nicht alle geheiratet zu haben. Manche Frauen haben ihre Freunde im Krieg früh verloren und haben dann nicht mehr geheiratet. Aber sie haben ihre Liebe immer bewahrt wie ein Licht, das nie erlischt. Wir alle haben unsere Freundschaft, unsere Liebsten, die Menschen, die uns nahe sind, zu uns gehören.

Auf geheimnisvolle Weise kehren die Gefühle zurück. Sie sind begleitet von der tiefen Sehnsucht: Möge es doch wieder so sein wie in jenen Tagen, als wir auf der Wiese lagen, hineinschauten in die Wolken und in die Blüten wilder Apfelbäume! »Er weidet mich auf einer grünen Aue und führt mich zum frischem Wasser. Er erquickt meine Seele.« Die Seele ist das Innerste. Seele bedeutet in den alten biblischen Schriften Gemeinschaft mit Gott und den Menschen; Seele heißt immer auch die Einzigartigkeit eines jeden Menschen und all dessen, was Gott auf wunderbare Weise geschaffen hat, die Einzigartigkeit einer jeden Blüte, die in jedem Frühling mit neuer Kraft ersprießt. Auch wir können innerlich aufblühen, zu jeder Zeit mit neuer Kraft. »Er erquickt meine Seele.«

Auf einigen Etappen des Lebensweges weitet dieser sich aus zu einer breiten Straße. Wenn sich auf dieser Straße kein Unglück ereignet und die Menschen sich respektvoll begegnen, miteinander rechtschaffen und gerecht umgehen, dann kann man wohl ausrufen: »Er führt mich auf rechter Straße um seines Namens willen.«

Aber oft wird diese Straße überschattet oder führt direkt hinab in ein Tal, in dem alles wieder unüberschaubar und düster werden kann. »Und ob ich schon wanderte im finsteren Tal, fürchte ich kein Unglück.« Das finstere Tal, in dem wir uns manchmal wähnen oder tatsächlich befinden, wenn ein liebster Mensch auf einmal nicht mehr da ist, wenn wir getrennt werden, wenn wir große Zweifel bekommen an dieser Welt: »Warum gibt es Krieg, warum hungern kleine Kinder, warum können die Menschen sich nicht einigen und verstehen, warum?« Es ist zum Verzweifeln und überschattet unsere Seelen. Wir wandern im dunklen Tal und wähnen uns im Schatten des Todes.

Aber dem Betenden, der nicht ein noch aus weiß, wird doch Kraft vermittelt. So eine Kraft vielleicht, wie ich es auf mancher Beerdigung gespürt habe: segensreich die Gemeinde, die Gemeinschaft mit Gott, Gottes Geist, der trägt. In Erinnerung bleiben die Worte Trauernder: ›Gott sei Dank haben wir wenigstens den Glauben, der uns in diesem Moment hält, dass wir nicht in das Bodenlose hineinstürzen.‹ »... fürchte ich kein Unglück, denn du bist bei mir«, ich bin bei dir, ob hier und jetzt oder in deinen Himmeln, in deinen anderen Welten. Bettete ich mich bei den Toten, so bist du da, nimmst mich am Ende mit Ehren an. Ich fürchte kein Unglück, »denn du bist bei mir, dein Stecken und Stab trösten mich.«

»Du deckst mir einen Tisch im Angesicht meiner Feinde.« Im alten hebräischen Text lesen wir wörtlich: »Du deckst mir einen Tisch im Angesicht all dessen, was mich bedrängt.« Es geht also nicht nur um die menschlichen Feinde, sondern um Dinge, um Verhältnisse und um Beziehungen, die einen bedrücken und in die Ecke drängen. Das neutestamentliche Wort für Depression heißt deshalb auch »Bedrängung«. Man fühlt sich in die Ecke gedrängt, voller Verzweiflung: ›Was soll ich bloß tun? Irgendwie mag ich gar nicht mehr raus, was ist bloß mit den Menschen, was habe ich an mir, dass sie mich so komisch anschauen, sich wegdrehen, wenn sie mich sehen?‹

»Du deckst mir einen Tisch.« Ein Tisch mit einer weißen Decke, mit den Früchten der Felder, mit Brot und mit Fischen, Wein, Most. Alles ist da, alles, was wir brauchen. »Du deckst mir einen Tisch im Angesicht all dessen, was uns, was mich bedrängt.« Da sind wir nicht allein. Irgendwann wird Jesus mit an diesem Tisch sein wie einst beim Abendmahl. Aber schon auf dieser Welt gibt es diesen Tisch. Vielleicht ist mancher an diesem Tisch, den wir nicht mögen. Wir entdecken, dass der, den wir nicht mögen, so schlecht gar nicht ist, zumindest nicht besser als wir selbst. Vielleicht ist dies der Moment, wo man etwas tut, was man immer vor sich hergeschoben hatte, ihn oder sie anschaut und sagt: Lass mal gut sein. Hier kommen wir wieder zusammen. Der Tisch bedeutet, dass wir unsere Zeit nutzen zur Versöhnung und zur Überwindung der Menschenangst. Lasst uns gemeinsam gehen, wir tragen es zusammen und haben Gott stets bei uns als unseren besten Seelsorger.

»Du salbst mein Haupt mit Öl und schenkst mir voll ein.« Das Verhältnis von Herr und Knecht ist aufgehoben, wahre Freundschaft kann entstehen. Unsere Herzen werden überquellen vor Glück. Gott ist an unserer Seite wie ein Freund. Nichts kann uns geschehen. Nie werden wir tiefer fallen als in seine barmherzigen Hände. Was kann uns geschehen?

»Gutes und Barmherzigkeit werden mir folgen mein Leben lang, und ich werde bleiben im Hause des Herrn immerdar.« Wörtlich heißt es: »Ich werde bleiben im Hause des Herrn in alle Ewigkeit hinein.« Dieses Haus ist gebaut in der diesseitigen Ewigkeit und hat Bestand in jener Ewigkeit, die kommt. Auch an den Grenzen dieser Ewigkeiten sind wir zu Haus, in dem unbeschreiblich winzigen Moment des Übergangs aus den uns bekannten Räumen in die neue Dimension des Lebens.

III.
Liebe

Die Quelle des Glücks

In der bedeutendsten Predigt Jesu, der Bergpredigt, hat das Wort »Glück« einen zentralen Stellenwert. Die so genannten Seligpreisungen beginnen alle mit den Worten »Glücklich sind ...«. Die erste und wohl grundlegende Seligpreisung lautet: »Glücklich sind, die geistlich arm sind; denn ihnen gehört das Himmelreich.« Arm zu sein ist vor Gott die Basisformel für Erlösung und Glück. Wir können zu der Wahrheit unserer Existenz stehen; wir brauchen uns mit all unseren Problemen und Schattenseiten nicht mehr zu verstecken. Das Glück des Menschen besteht darin, arm sein zu dürfen, sich so anzunehmen und zu zeigen, wie er von Gott gewollt ist. So kann der Mensch zu sich selbst finden.

Geistliche Armut im Sinne Jesu bedeutet immer die kindlich-naive Offenheit für die Liebe Gottes und seine Schöpfung. Das Kind ist in einem guten Sinne tatsächlich arm, weil es noch nicht »angereichert« ist mit den verdinglichenden Reichtümern dieser Welt, mit ihren Zwängen, Rollenvorschriften und der ganzen Maskerade von Anstand und gutem Benehmen. Geistliche Armut bedeutet die Freiheit für die Selbstorganisation des Geistes in Koevolution mit all der Liebe, der Schönheit, den Wundern, die in Gottes Schöpfung enthalten sind. Zur geistlichen Armut gehört eben auch, dass man im religiösen Sinne nicht festgelegt, also noch offen ist für Gottes Geist, für alle geistvollen Eingebungen aus der Unendlichkeit der Elemente der Schöpfung und der schöpferischen Kraft. Deshalb stellt Jesus die Naivität von Kindern in die Mitte. Zwar kann der erwachsene Mensch nicht wieder ein Kind werden, aber er kann sich die kindliche Naivität bewahren. Ricoeur[5] hat dies die *zweite Naivität* genannt und meint damit, dass ein Mensch über einprägsame Bilder und Symbole und durch die von ihnen hervorgerufene Fülle der Gefühle zurückkehren kann zu neuen, kreativen Ausgangspunkten eines Verständnisses der Welt und seines Selbst.

In all seinen Gleichnissen und Predigten kam es Jesus darauf an, seinen Zuhörerinnen und Zuhörern Anteile des Gottesreiches zugänglich zu machen. Die Menschen konnten empfinden: Dieses Reich ist unmittelbar unter ihnen, es geschieht in Anwesenheit Jesu, unter dem Einfluss des Geistes Gottes, der überall weht. Sie müssen ihn nur annehmen. Jesus will befreien, was Gott schon geschaffen hat, was aber erdrückt ist durch menschliches Handeln. So ist das Gottesreich auch ein Zu-sich-Kommen der gemarterten, unterdrückten Schöpfung Gottes.

Das Gottesreich existiert nicht über unserem Dasein, sondern ist bereits darin verwurzelt. Das Gottesreich ist also nicht etwas, das abhebt von dieser Welt. Es symbolisiert auch die aufnahmebereiten Herzen der Menschen. Jeder Mensch ist dazu in der Lage, das Reich Gottes in sich aufzunehmen. Es wurzelt, in der Symbolik des Sämannsgleichnisses gesprochen, in fruchtbarer Erde und besteht aus der Saat, die auf das gute Land fällt. Und fruchtbare Erde gibt es hier auf unserer Welt.

Dies meint Jesus, wenn er sagt: »Das Reich Gottes ist mitten unter euch.«[6] Gewissermaßen nimmt es in der Seele des einzelnen Menschen und im sozialen Geschehen unter den Menschen *Gestalt* an. In dem Begriff Gestalt steckt das Wort »gestalten«. Indem ein Künstler ein Bild malen will, also mit einer gewissen Planmäßigkeit Linien, Flächen und Figuren auf die

Leinwand bringt, geschehen dabei Dinge, die außerhalb seiner Absicht liegen. Aber warum geschehen sie? Wer oder was ist dafür verantwortlich, dass auf fast geheimnisvolle Weise schließlich das Gesamtbild entsteht? Je mehr man sich bemüht, Antworten auf diese Frage zu finden, je mehr Teilaspekte man zu ihrer Begründung zusammenträgt – seien es räumliche Verhältnisse des Ateliers, seien es Gemütszustände des Künstlers, Spuren seiner Erinnerung im Akt des Malens, Gefühle von Liebe oder Hass –, umso mehr wird erkennbar, dass man die Gestalt des Bildes nicht durch die Summe seiner Teile zusammenbekommt. Das Bild ist mehr als Leinwand, Pinselstrich und Farbe. Auf diese Weise nimmt das Reich Gottes in unserem Maler und seinem Bild Gestalt an. Wie der kreative Prozess beim Künstler, so ist die Gestaltung des Gottesreiches immer zugleich eine Sache des menschlichen Willens und ein Geschehen, in dem göttlicher Wille seinen Verlauf nimmt.

Wie aber können wir uns die »Gestalt« des Gottesreichs vorstellen? Indem wir uns hineinversetzen in die eigene Kindheit und innerlich zurückfinden zu den Quellen kindlichen Glücks: »Zu derselben Stunde traten die Jünger zu Jesus und fragten ihn: Wer ist der Größte im Himmelreich? Da rief Jesus ein Kind zu sich, stellte es mitten unter sie und sprach: Wahrlich, ich sage euch: Wenn ihr nicht umkehrt und werdet wie die Kinder, so werdet ihr nicht ins Himmelreich kommen. Wer sich selbst erniedrigt und wird wie dieses Kind, der ist der Größte im Himmelreich.«

Auch Kinder können auf Abwege kommen, ihre Welt ist nicht frei von Neid und Rangkämpfen. Aber sie sind im Verhältnis zu vielen Erwachsenen nicht festgelegt, sie können die »Fronten« von Gut und Böse beinahe spielerisch wechseln. So sind sie in ihrer moralischen Entwicklung offen für die gute Gestalt des Gottesreichs. Es ist wie beim Reifeprozess des frühkindlichen

Gehirns: Seine nervlichen Verknüpfungen gestalten sich im Laufe mehrerer Jahre! In diesem Sinne sind sie »geistlich arm«, wie die Bergpredigt sagt. Das sollen die Erwachsenen wieder werden, indem sie schon vergessen geglaubte Eigenschaften der kindlichen Verzauberung der Welt, des Staunens über die Wunder dieser Welt, der Neugierde und Abenteuerlust, des Hungers nach Zärtlichkeit und Angenommensein in sich wieder entdecken. So kann die zweite Naivität als Kindlichkeit entdeckt werden, erweitert durch den Schmerz ungestillter und enttäuschter Sehnsucht und die Weisheit, diesen zu bewältigen. Geistliche Armut bedeutet, mit den Kraftfeldern des Geistes Gottes unbefangen in Berührung zu gelangen. Ein Mensch kann die Kraft Gottes in sich aufnehmen und zu seiner eigenen Energie werden lassen. Diese Energie wird gerade in menschlicher Schwäche Gestalt annehmen und in Zuständen seelischen Glücks erfahrbar: in der Sehnsucht nach dem Leben und seiner liebevollen Gestaltung. So bildet sich das Gottesreich als *innere Gestalt* der menschlichen Seele aus.

Die Annahme Gottes wie einen Vater oder wie eine Mutter geschieht deshalb, weil Gott gar nicht vorstellbar ist. Die Naivität dieser Bilder ist somit auch ein Eingeständnis des menschlichen Unvermögens, das Göttliche zu denken. Auf der anderen Seite wachsen Menschliches und Göttliches in einer *dialogischen Gestalt* zusammen, so dass es in den alten hebräischen Psalmen heißen kann: »Ob mir gleich Leib und Seele verschmachten, bleibst du doch meines Herzens Trost und mein Teil.« Der Beter dieses Psalms bringt hier zum Ausdruck, dass selbst in schmerzlichen Zeiten die Gewissheit, Gott bleibe ein Teil der persönlichen Identität, auf glückliche und tröstende Weise zum Tragen gelange. Und diese tragende Kraft bleibt sogar erhalten angesichts des Todes, denn: »Bettete ich mich bei den Toten, so bist du auch da.«

Geistlich arm zu sein bedeutet, die Quellen göttlichen Glücks in sich zu spüren. Dies aber ist nur möglich, wenn der Perfektionismus entlarvt ist, der Hochmut entmachtet wurde und die verkrustete Schale des Rollenspiels von den Gesichtern springt. Was sich nun frei gestaltet, wird auch in Not und Lebenskrisen die Kräfte eines guten Lebens mobilisieren. Der folgende Exkurs verdeutlicht dies.

Simons Schritte in das Leben

Ich lernte Simon 1993 als angehender Pastor in einem kleinen Dorf in der Nähe der holländischen Grenze kennen. Damals rief ich gerade eine Gruppe von Jungen im Alter von sieben bis zehn Jahren ins Leben, um mit ihnen Geschichten zu erzählen und zu erfinden. Innerhalb der Gruppe entstand dann die Idee, die erfundenen Geschichten aufzuschreiben, um sie als Buch zu veröffentlichen. Es kamen so viele Geschichten zusammen, dass in der Gruppe entschieden werden musste, welche von ihnen in das Buch aufgenommen werden sollten.

Simon fiel mir damals auf, weil er als einer der Jüngsten besonders geistreiche und tiefsinnige Geschichten erfand.[7]

Er war damals acht Jahre alt, und seine Eltern befanden sich nach jahrelangen Konflikten im Prozess der Scheidung. Sein Vater, der viel rauchte und später krankheitsbedingt Alkoholprobleme hatte, war ein ganz besonders sensibler und sanftmütiger Mensch. Simon hing sehr an ihm. Später heiratete seine Mutter einen anderen Mann, der seinerseits geschieden war und zwei Kinder mit in die neue Ehe brachte. Auch Simon hatte eine drei Jahre jüngere Schwester.

Nach der Scheidung lebte er sechs Jahre mit seinem Vater in einem Mehrfamilienhaus in der nahe gelegenen Stadt. Trotz der Tatsache, dass der Vater, gezeichnet von Krankheit und Arbeitslosigkeit, in den letzten eineinhalb Jahren seines Lebens nicht sehr viel Energie aufbringen konnte für seinen Sohn, lebte Simon gern bei ihm und bezeichnet ihn heute als seinen besten Freund. In dieser Zeit hat Simon Grundschule und Orientierungsstufe besucht und seine schulischen Aufgaben und Arbeiten relativ selbstständig organisiert. Krankheitsbedingt konnte ihm sein Vater in seiner letzten Lebensphase kaum helfen. Aber er muss ihm eine sehr große emotionale Hilfe gewesen sein. Schließlich hätte Simon ja immer die Alternative gehabt, in die funktionierende Familie seiner Mutter zurückzukehren. Er blieb sogar bei seinem Vater bis zu dem Zeitpunkt, an dem dieser unter dramatischen und wohl auch sehr qualvollen Umständen schließlich starb.

Etwa ein Jahr danach hatte ich Simon aus den Augen verloren, bis er vor drei Jahren in eine Gruppe meiner Konfirmanden eintrat. Er wirkte auf mich groß, stark und lebendig, obwohl ich annahm, dies wäre wohl eher der äußere Schein als eine innere Wirklichkeit. Und doch war er in dieser Gruppe von 22 Jugendlichen, die nicht gerade als einfache Gruppe zu bezeichnen war, einer der produktivsten und ideenreichsten. Ich begann damals, mit Hilfe von Webseiten und einer Homepage für die Konfirmanden sozialpolitische Themen aus biblischen Geschichten und Gleichnissen Jesu über das Internet einer größeren Öffentlichkeit zugänglich zu machen, gewiss auch gedacht als ein pädagogisches Medium, biblische Inhalte für junge Menschen attraktiv zu gestalten. Simon war es, der mich sowohl technologisch als auch pädagogisch unterstützte und mir in Konfliktsituationen regelrecht zur Seite stand.

Von diesem Zeitpunkt an habe ich mir oft die Frage gestellt, wieso gerade ein Kind, das nach derart schmerzlichen Prozessen von Trennung (Scheidung) und Tod des Vaters zu einer solchen Kreativität in der Lage war. Erst nachdem er mir dann bei ganz anderer Gelegenheit erzählte, dass er in einer Schulrockband des Gymnasiums mitspielte – den Schulwechsel hatte er sich nach dem Tod seines Vaters selbst erarbeitet –, wurde mir der ganze Hintergrund des Geschehens seiner Konsolidierung, ja fast möchte man sagen »Heilung« deutlich: Es war die prozesshaft erlernte Kompetenz der Selbstorganisation in Peergroups. Vielleicht war seine Teilnahme an der Kindergruppe, die ein eigenes Buch zu Stande brachte, dabei ein ausschlaggebender Wegweiser gewesen. In jedem Falle wurde mir klar, wie bedeutsam von Kindern in selbstständiger, selbst organisierter Tätigkeit geschaffene Produkte sind, die sie auch später in Händen halten können, nicht nur um sich zu erinnern, sondern um das als ein von ihnen selbst geschaffenes »Reife«-Produkt über die Zeit zu »retten«. Bei Simon war das Kinderbuch vielleicht das erste Produkt, aber es kamen Produkte aus seiner Schulzeit, seine Musik, seine Internet-Seiten und vieles dazu, das ich vielleicht gar nicht kenne. Simon hat sich gewissermaßen an den von ihm selbst gelegten Spuren erkannt und dabei gespürt, dass er sich letztlich nur auf seine Kraft verlassen kann, wenngleich er wusste – und dies war und bleibt die emotionale Voraussetzung für alles –, dass er ihn liebende Menschen in seiner Nähe hatte und einen Vater, der bei einem Gott ist, an den er auf eine ganz undefinierte Weise glauben kann.

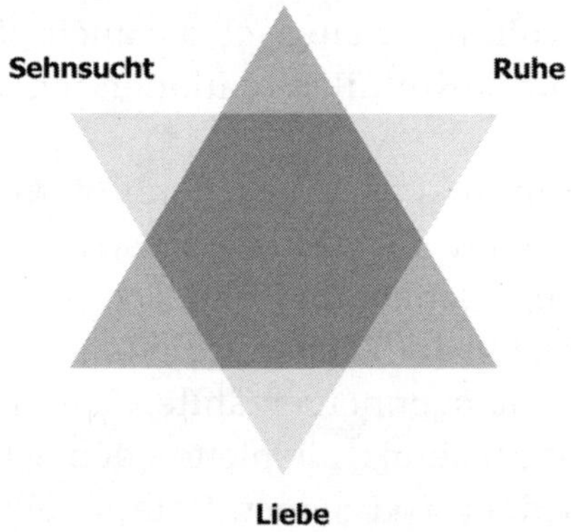

Die Quelle der Liebe

Glück ist eine Qualität und wie die Liebe unberechenbar.

FOTO: ELKE PARNISKE

Wo dein Herz ist, da ist dein Schatz

– Predigt anlässlich des Erntedankfestes 2001 –

Ihr sollt euch nicht Schätze sammeln auf Erden, wo sie die Motten und der Rost fressen und wo die Diebe einbrechen und stehlen. Sammelt euch aber Schätze im Himmel, wo sie weder Motten noch Rost fressen und wo die Diebe nicht einbrechen und stehlen. Denn wo dein Schatz ist, da ist auch dein Herz. Das Auge ist das Licht des Leibes. Wenn dein Auge lauter ist, so wird dein ganzer Leib licht sein. Wenn aber dein Auge böse ist, so wird dein ganzer Leib finster sein. Wenn nun das Licht, das in dir ist, Finsternis ist, wie groß wird dann die Finsternis sein!

Matthäus 6,19–23

In der Vorbereitung für die Auslegung dieses Textes aus der Bergpredigt Jesu – ein Text, von dem man sagen kann, dass wir hier der Originalsprache Jesu ganz nahe sind – kamen mir einige Erlebnisse zur Hilfe.

Auf dem Weg zu einer Anlage mit Altenwohnungen traf ich eine ältere Dame, die mir mitteilte, dass sie ihr Haus nicht mehr habe und jetzt in eine Altenwohnung gezogen sei. Im ersten Moment dachte ich: »Ach, das ist ja auch traurig.« Aber sie war gar nicht traurig, sondern innerlich ganz gelöst und sagte: »Ich fühle mich wohl hier. Und ich habe das so beschlossen, und es ist ein guter Weg.« Eine andere Frau, die schon viele Jahre in ihrer Altenwohnung lebte, sagte mir: »Ich habe nun seit Monaten, eigentlich schon seit Jahren vor, in ein Pflegeheim zu ziehen. So kann ich nicht mehr weitermachen. Und es war absehbar, dass es eines Tages so kommen würde. Aber ich wollte die Herrin meiner Entscheidung sein. Und ich habe mich entschieden. Nun wird es wahrscheinlich in den nächsten Tagen, vielleicht im November so weit sein, dass ich dahin umziehe. Ich sehe dem gelassen entgegen, denn mitnehmen können wir sowieso nichts.«

An einem der folgenden Tage hielt ich im Altenheim eine Andacht, und da saß eine große Schar älterer, zum Teil sehr alter Damen und Herren. Und wir haben Teile dieses Textes, besonders den Teil mit den Schätzen gehört. Als ich in den Kreis hinein fragte, an welche Schätze man sich erinnere, wenn man auf ein langes Leben zurückblicke, sprach niemand von materiellen Schätzen. Niemand redete vom Bankkonto, Eigenheim oder Landbesitz. Schnell kam die Sprache auf vom Schatz des Herzens, war die Rede von den Menschen, die man einmal lieb gewonnen hatte und, obwohl sie zum Teil nicht mehr lebten, im Innern immer bei sich trug.

Weltweit wird Erntedankfest gefeiert, doch man kann sich fragen: Was ist es, das wir würdigen? Sind es bloße Erntemengen, Kiloangaben, Ferkelzahlen? Oder sollten wir nicht auch dankbar sein dürfen für die Qualität der Produkte und die Verhältnisse, unter denen sie hergestellt wurden? Selbstverständlich sind wir dankbar für eine gute Ernte, auch dankbar für Wachstum! Aber es geht doch nicht einfach um Mengenangaben, sondern darum, dass auch hier sich humane Verhältnisse niederschlagen: wie wir miteinander umgehen, wie wir in unserer Arbeit, bei der Ernte und allen Vorbereitungen Nähe verspüren, Nähe und Kollegialität. Und dies gilt nicht nur für die Arbeiten in der Landwirtschaft, sondern ebenso für alle Arbeit in der Stadt, den Büros, Fabriken oder in den Häusern. Es geht darum, die Gemeinschaft zu würdigen und auch dankbar dafür zu sein.

Es sagt sich immer leicht: »Stellt doch um, macht alles neu, produziert mehr Qualität!« Die Bauern sind aufgefordert, biologisch anzubauen. Ja, das finde ich gut. Aber zuallererst ist zu fragen: »Was haben wir gemacht? Wo stehen wir alle? Wie gehen wir denn um mit ›unserem täglich Brot‹?« Die

»Nummer 53229«?

älteren Menschen wissen das noch: In den ersten Jahren nach dem Krieg bis hinein in die beginnenden sechziger Jahre waren zwei Drittel eines durchschnittlichen Familieneinkommens dafür da, dass man das tägliche Brot, das Fleisch und die Milch davon kaufte. Mittlerweile entfällt darauf nur noch ein Bruchteil desselben. Die große Masse des Einkommens ist für so genannte langlebige Güter wie Häuser und Autos, Fernseher, Computer oder Spielzeug bestimmt. Die Industrie hat davon profitiert. Die Maßstäbe sind falsch gesetzt. Die Landwirtschaft könnte viel besser sein, wenn auch der Verbraucher ihr gibt, was sie nötig hat, wenn bei den Bauern auch das ankommt, was sie brauchen, und wenn nicht die Daumenschrauben angezogen werden mit der Konsequenz, dass immer mehr und mehr produziert und alles groß und größer gemacht werden muss. Qualität hat ihren Preis, wie es so schön heißt.

Und wenn wir diese Worte der Bergpredigt hören, dann heißt es, Abschied zu nehmen von einem falschen Sammeln, um wieder hinzukommen zu einer neuen Form des Lebens. Somit müssen wir tatsächlich unsere Maßstäbe neu bedenken und überdenken.

»Sammelt euch Schätze im Himmel«, sagt Jesus, »wo sie weder Motten noch Rost fressen, wo die Diebe nicht einbrechen und stehlen.« Das ist eine Angst, die uns alle umtreibt: Wir haben Angst davor, dass wir nicht genügend Sicherheit haben. Und aus dieser Angst heraus sammeln wir, richten immer mehr Mauern um uns auf, bereichern uns mit Luxusgütern, wohl auch in der falschen Vorstellung, dies sei ein Stück Verewigung und Sicherheit. So wie die Hamster, die sammeln, um dann sicher über den Winter zu kommen. Aber wir sehen: Was bei diesen Tieren noch nachvollziehbar ist, das bringt bei uns Menschen irgendwann die irrationale Vorstellung auf den Plan, als könnten wir in der Ansammlung von Gütern, Geld und Ansehen ein Stück Ewigkeit erlangen. Dabei verschließen wir uns regelrecht den Himmel und unsere Herzen. Denn wir erzeugen aus dem Mehr-und-mehr-und-mehr die Angst um die Erhaltung dieses Mehrs: »Es könnten ja Einbrecher kommen, da fehlt mir noch diese oder jene Versicherung, noch manches Gitter vorm Fenster.« Man kann nicht mehr recht schlafen: »Wie wird das mit dem Euro, was ist dann mit meinem

Konto?« Man sieht: Diese Art des Sammelns erzeugt sogar zusätzliche Ängste. Und die entscheidende Angst, die Angst vor Krankheit und Tod, wird durch Reichtum überhaupt nicht gelöst. Eigentlich ist uns das allen bewusst, doch wider besseres Wissen handeln wir anders.

Wildkirschen im Mai

Zum Schluss bleibt doch nur ein Marmorgrabstein. Wie mir die Frauen richtig sagten, denen ich begegnet war: »Mitnehmen können wir nichts. Das letzte Hemd hat keine Taschen.« Aber dass die Welt so geworden ist, dass die, die sich selber Global Players, Weltspieler, nennen, die an den Weltbörsen und über die Weltbanken gewaltige Summen, Milliarden von Dollar hin und her schieben und ganze Länder, manchmal ganze Teile von Kontinenten dabei mehr oder weniger ruinieren, mit Hunderttausenden, Millionen von Menschen, das ist etwas, wogegen wir vieles unternehmen können. Wenn man noch Träume hat, kann man etwas unternehmen. Nach all den Schrecknissen des 11. September 2001, dem Krieg in Afghanistan träume ich davon, dass das Welthandelszentrum wieder aufgebaut wird mit der Zielsetzung eines gerechten Welthandels, einer Form der Globalisierung, bei der die klugen Köpfe dieser Welt überlegen, wie man es hinbekommen kann, dass so fabelhafte Selbsthilfeprojekte wie »Lavenda Hill« in Südafrika, um nur eins zu nennen, oder der gerechte Handel mit »Transfair«-Produkten zum Erfolg geführt werden können. Es geht um die Gerechtigkeit in dieser Welt. Es wäre der allerklügste und beste Beitrag, den die Amerikaner für den Weltfrieden und für die Austrocknung des terroristischen Sumpfes leisten könnten. Dies wäre ein großer Schritt auf dem Weg zum Weltfrieden.

Das sind die großen Träume. Ebenso wichtig wie sie sind jedoch die himmlischen Schätze im Kleinen. Worin bestehen sie? Die alten Leute haben manches dazu gesagt: »Ich habe meinen Schatz im Herzen«, sagte eine alte Frau. »Das war mein Liebster, meine Liebe.« Und eine andere: »Das war mein Kind, war meine Freundin, aber mein Heiland ist immer bei mir.« Das alles ist mir sehr nahe gegangen. Das, was Menschen sagen, wenn sie selber schon ein langes Leben hinter sich haben und dann mit Blick auf ihr langes Leben sich fragen: »Was ist eigentlich das, woran mein Herz hängt?«

Es ist eben nicht das Bankkonto, nicht das, wofür wir alle geschuftet haben, nicht Ansehen, Ruhm und Macht. »Mein Liebster, meine Liebe, die Güte, das ist es!« Und das ist es auch, was Jesus den Menschen zeigen wollte, was er uns so nahe bringen will: »Schaut nicht auf die Vergänglichkeit, schaut auf die Ewigkeit.« Und wie ein Meisterstück gibt er uns hier eine Art neuer Sicherheit, nach der wir alle suchen. Die

Schätze, die nicht verrosten und verrotten, die die Diebe nicht stehlen können. Also Schätze der Ewigkeit, die wir heute schon ansammeln. Nicht Stück für Stück, indem wir sie aufeinandertürmen wie eine Pyramide, wie eine gute Tat auf die andere, um dann auf einer so entstandenen Treppe zum Himmel aufsteigen zu können, um womöglich noch von irgendeiner Stufe herabzuschauen auf andere und dann zu sagen: »Da unten seid ihr erst!?« Nein, so ist das nicht zu sehen. Es ist von Gott her zu sehen. So wie Jesus das getan hat. Wie handelst du denn, Gott? Du handelst in deiner Gnade. Du bist der Gott der Liebe. Das sind die Maßstäbe! Und darin wollen wir miteinander glücklich werden und gleichfalls handeln. Zumindest wollen wir es versuchen in all den äußerlichen und innerlichen Widersprüchen, in denen wir leben. Aber wir können uns ein Stück freimachen, wir können unser Haus teilen. Wir können viel tun, wenn wir die Richtung, die hier angezeigt wird, eben auch einschlagen; wenn wir die Schätze sammeln, die uns Gott schenkt. Schätze, die gar nicht von uns kommen.

Die letzten Worte Martin Luthers waren: »Wir sind nur Bettler.« Das ist es wohl, wenn wir die Hände ausstrecken und sagen: »Herr, schenke es uns. Schenke uns ein Leben in Güte, Freundschaft, möglichst auch Gesundheit. Schenk uns Vergebung und die Kraft, selber zu vergeben. Gib uns ein gutes Leben.« »Denn wo dein Schatz ist, da ist auch dein Herz.« Sprichwörtlich ist es geworden, dies Wort Jesu. Wenn dein Schatz nämlich materiell ist, dann ist auch dein Herz ein Ding, wie versteinert. Wenn aber dein Schatz die Liebe ist, dann hast du ein offenes, ein gütiges Herz, dann ist Güte Liebe und umgekehrt.

Darum ist es auch verständlich, wenn Jesus sagt: »Dein Auge ist das Licht des Leibes. Wenn dein Auge lauter ist, wird dein ganzer Leib Licht sein. Wenn aber dein Auge böse ist, so wird dein ganzer Leib finster sein. Wenn nun das Licht in dir Finsternis ist, wie groß wird dann die Finsternis sein.« Ich habe mich immer wieder gefragt, was diese Aussage von dem Auge bedeutet, bis ich auf das erste, das Alte Testament stieß. »Auge« ist im Hebräischen, in der jüdischen Tradition und damit in der Tradition des Alten Testaments eine Bestimmung des Charakters der Menschen. Es gibt das jüdische Wort vom kranken und vom bösen Auge, womit der Neid gemeint ist. Menschen mit neidvollen Augen, die immer schauen, was andere haben. Nicht nur in Bezug auf Geld, sondern auch auf Fähigkeiten, Aussehen, berufliche Standards. Und so stellt sich der Neid zwischen die Menschen und zernagt alles, was es an Möglichkeiten gemeinschaftlichen Tuns gibt.

Wir haben den Neid und die Eifersucht anderer vielleicht alle schon am eigenen Leib erlebt. Aber umgekehrt auch: Wir waren neidisch und bemerkten, wie der Neid uns verklemmte, uns einengte in unserem Handeln und wir zu richtig guten Gefühlen gar nicht mehr in der Lage waren. Geiz kann daraus entstehen. Das ist das kranke Auge, das Auge, das unser Innerstes verfinstert. Es ist gewissermaßen eine Augenverfinsterung des Leibes. Wir alle wissen, was eine Sonnenfinsternis ist, wenn alles urplötzlich dunkel ist und einem das Licht genommen wird. Die Augenverfinsterung des Leibes ergibt sich, wenn Menschen in einer Art Schätze sammeln, die rein weltlich und dinglich ist.

Aber dieses Auge kann auch – Luther übersetzt es so – »lauter« sein. Dies alte deutsche Wort hat nichts zu tun mit »laut«, sondern bedeutet »aufrecht«, »aufrichtig«, »ehrlich«. Wenn wir also ehrlichen Herzens, ehrlichen Auges sind, dann schauen wir in die Welt, dann nehmen wir die Welt in uns auf, das Licht dieser Welt, dann stehen wir ehrlich zu den Dingen, so wie sie sind, auch zu unseren Schattenseiten, damit es wieder hell werde. Ehrlichkeit, Freigebigkeit, all das ist gemeint; vom Besitz lassen zu können, geben zu können, teilen zu können, den Nächsten lieben zu können. All dies beschreibt Schwerpunkte des Neuen Testaments und vor allen Dingen der Bergpredigt. Wie oft wurde sie an die Seite gedrängt, auch durch die Kirchen, wie oft vernachlässigt; wie oft wurde so getan, als sei sie mehr oder weniger nebensächlich. Nein, hier befinden wir uns inmitten eines Zentrums der gesamten Bibel. Und es ist zugleich ein Zentrum unseres Lebens, das bestimmt ist von dem Lichte der Liebe und von der angesprochenen Güte.

Zum Schluss noch eine ganz persönliche Bemerkung. Einmal sagte meine Frau zu mir: »Pass auf, dass nicht eines Tages die Kinder zu dir sagen: Du bist nie da gewesen für uns.« Das ist etwas, das insbesondere wir Väter fürchten müssen, aber auch manche Mutter zu fürchten hat. Besonders wir also, die wir viel um die Ohren haben: »Wo ist das Zentrum unseres Lebens?« Es ist eben nicht die Karriere, es ist nicht das Geldmachen. Das Zentrum ist die Liebe, wozu auch die familiäre Liebe, die Nähe zu den Kindern gehört, die Nähe der Gemeinde zu den Menschen, die einsam geworden, die krank und die allein gelassen sind: eben die Seelsorge als Güte aus der Kraft der Liebe. Indem wir an dieses Zentrum denken, befinden wir uns auf einem guten Weg, auf dem Weg Jesu, den er uns hier mit so klaren Worten weist.

IV.
Austausch

Seelenruhig reifen

Kein menschliches Lebewesen ist in der Lage zu überleben ohne Liebe. Hätten wir nur die materiellen Dinge und nicht auch die Liebe, deren Wärme uns von unseren Müttern, Vätern, Geschwistern, vielleicht einem Onkel oder einer Tante, aber auch von Freunden und manchmal Nachbarn geschenkt wurde, so wären wir gewiss seelisch verkrüppelt. Wahrscheinlich wären wir schon aus Mangel an Liebe gestorben. Die Liebe ist eine Grundfeste, die Voraussetzung für unsere Existenz.

Wir tauschen uns in der Liebe aus, über sie funktioniert der Stoffwechsel der Seele. Ursprünglich schenkt Gott die Liebe. Der wohl wahrhaftigste Austausch ist lebendig in Christus geschehen. Indem wir uns mit Gott austauschen, nehmen wir teil an seiner Liebe. Gott ist Liebe. Ihre Kraft nimmt unter uns, in unseren Familien und Freundschaften, unter Erwachsenen und Kindern Gestalt an.

Niemand kann durch Liebe zu sehr verwöhnt werden. Man kann nur an die Stelle der Liebe das Goldene Kalb der Dinge setzen, wobei man dann auf eine andere Weise verwöhnt. Viele Kinder halten vieles in ihren Händen, aber erhalten wenig Liebe. Mögen ihre Zimmer voller Spielzeug sein, mögen sie Computer, Videoanlagen und Fernseher haben, so fehlen ihnen doch die Menschen. Mit wahrer Liebe ist noch nie ein Kind zu sehr verwöhnt worden. Gottes Güte reicht so weit wie der Himmel (Psalm 36). Jene Grenzenlosigkeit gilt auch für uns Menschen. Sagt doch Jesus: Ihr sollt sein wie euer Vater im Himmel. Selbstverständlich werden wir das immer nur in Ansätzen können. Oft genug sind wir als Eltern gestresst, setzen die Kinder einfach vor den Fernseher, weil wir überfordert sind und keine Zeit haben. Aber dieser Weg führt in eine Sackgasse, in das Unglück misslungener menschlicher Beziehungen. Unsere Aufgabe ist es dann umzukehren, wieder hin zur Wahrheit menschlichen Glücks zu gelangen.

In der hebräischen Sprache des Alten Testaments werden Wahrheit und Treue in einem Wort zum Ausdruck gebracht. Treu zu sein bedeutet nicht, dass man das zu tun hätte, was der Partner von einem verlangt. Treue bedeutet, die Wahrheit zu sagen, auch und gerade dann, wenn man Dinge tut, die der Partner vielleicht missbilligen könnte. Dieses hat auch gegenüber Kindern eine große Vorbildfunktion. Indem sie spüren, dass wir Fehler zulassen können, bauen sie

Schuldgefühle in Fällen falschen Verhaltens ab bzw. lassen sie erst gar nicht aufkommen. Vielfach behaupten Kinder, wenn sie etwas angestellt haben, sie seien unschuldig. Das sagen sie im Sinne eines Abwehrmechanismus, um bloß nicht Schuld zu bekommen. Irgendwann mögen sie gar nicht mehr die Wahrheit sagen. Wären wir aufrichtig, würden schon die Kinder spüren, wie viele Dinge bereits die Erwachsenen falsch machen. Würden wir also Fehler zulassen, dann hätten sie auch viel weniger Angst, der Wahrheit ins Auge zu blicken. Wahrheit und Treue gehören offensichtlich eng zusammen. Dies ist von großer Bedeutung in einer Zeit, in der Menschen oft gar nicht mehr wissen, was wahrhaftig und echt ist. Gerade heute ist es ganz entscheidend, dass die Menschen zu ihren Licht- und Schattenseiten stehen, dass sie offen mit ihren Fehlern leben können. Darin können wir teilhaben an der Liebe Gottes, an seiner Wahrhaftigkeit. Nur in Wahrheit und ehrlichem Austausch liegen die Voraussetzungen für menschliches Glück begründet.

Noch nie hat Glück funktioniert vom Standpunkt des egozentrischen Nehmens. Und dies nicht nur in materieller Hinsicht. Einen fröhlichen Geber hat Gott lieb. Indem wir uns bemühen, zärtlich zu sein, empfangen wir zärtliche Gefühle. Indem wir uns in die Lage des anderen hineinversetzen, verstehen wir ihn. »Selig sind die Leidtragenden, denn sie sollen getröstet werden.« Und folgerichtig heißt es weiter: »Selig sind die Sanftmütigen, denn ihnen soll das Erdreich gehören.« Ist ein größeres Glück für die Menschen und für die Erde vorstellbar, als dass denen, die sanften Mutes sind, die Erde zuteil wird?

Für eine psychologische Auslegung biblischer Texte ist die Erkenntnis von großer Bedeutung, dass die Seligpreisungen als Zentrum der Bergpredigt auch Meilensteine auf der Entwicklung des Menschen vom Kleinstkind bis ins reife Alter darstellen. Im Folgenden werden die Seligpreisungen nach der Übersetzung Martin Luthers zitiert:

- Selig sind, die geistlich arm sind; denn ihrer ist das Himmelreich.
- Selig sind, die da Leid tragen; denn sie sollen getröstet werden.
- Selig sind die Sanftmütigen; denn sie sollen das Erdreich besitzen.
- Selig sind, die da hungert und dürstet nach der Gerechtigkeit; denn sie sollen satt werden.
- Selig sind die Barmherzigen; denn sie sollen Barmherzigkeit erlangen.
- Selig sind die reinen Herzens sind; denn sie sollen Gott schauen.
- Selig sind die Friedfertigen; denn sie werden Gottes Kinder heißen.
- Selig sind, die verfolgt werden um der Gerechtigkeit willen; denn ihrer ist das Himmelreich.

Die angesprochenen Meilensteine der Entwicklung seien wie folgt skizziert: *Geistliche Armut, Mitleidenschaft, Sanftmut, Gerechtigkeitsstreben, Barmherzigkeit, Ehrlichkeit, Friedfertigkeit und engagierte Gerechtigkeit.*

Aus der geistlichen Armut, die allen Kindern zu eigen ist, von denen Jesus gesagt hat, sie alle hätten Engel, die allezeit das Antlitz seines Vaters im Himmel sehen, können sich alle guten Verhaltensweisen der Nächstenliebe bis hin zu einem engagierten Gerechtigkeitsstreben entfalten. »Es besteht eine spontane gegenseitige Zuneigung, die das Kind von Anfang an zu Handlungen der Großmut und sogar der Aufopferung treibt, zu rührenden Äußerungen, welche durchaus nicht vorgeschrieben sind. Hier ist zweifellos der Ausgangspunkt jener Moral des

Guten, die sich später neben derjenigen der Pflicht entwickelt und bei gewissen Individuen völlig siegen wird. Das Gute ist ein Ergebnis der Zusammenarbeit.«[8] Auf dem Wege dieser Entfaltung genügt es nicht, dass Menschen untereinander Kontakte eingehen, miteinander kommunizieren; sie müssen Güter und Gefühle austauschen, um sich solch gute, glücklich machende Verhaltensweisen anzueignen. In der kindlichen Entwicklung geschieht dies im Spiel: Murmeln, Bilder, Karten, Tattoos und Sticker werden ebenso ausgetauscht wie Zärtlichkeit und Wut. Im Spiel ereignen sich auf spontane Weise Lernprozesse. Die Lerntheorie hat dies durch einen ihrer zentralen Begriffe erfasst: *Lernen durch Tätigkeit*.

V.
Empathie

Nähe spüren

Kinder lernen durch die Praxis, durch Versuch und Irrtum. Dadurch vermittelt sich den Kindern ein weiteres Lernprinzip: *Lernen am Erfolg*. Schnell begreifen sie, dass erfolgreiches Handeln von einem gelungenen Miteinander abhängt. Dass etwas glückt, hängt nicht vom Zufall ab, sondern davon, wie ihre individuellen Fähigkeiten spielerisch ineinander greifen und schließlich kreative Gestalt annehmen. Indem Menschen nicht nur als Einzelwesen isoliert handeln, sondern *ko-operieren*, werden sie zu sozialen Lebewesen.[9]

In dem Maße, wie das Arbeiten der Menschen komplexer und spezialisierter wurde, waren sie darauf angewiesen, so zusammenzuarbeiten, dass jedes Teilwerk schließlich zu einem Gesamtergebnis, einem Endprodukt führte. Die Kooperation ist weit mehr als nur die Summe der einzelnen Anstrengungen. Durch handwerkliches und geistiges Zusammenarbeiten wird gewissermaßen eine kollektive Energie freigesetzt: Man ergänzt und unterstützt sich, treibt sich untereinander zu vermehrter Produktivität und neuen Ideen an. In der Kooperation entsteht Kreativität. Sie ist das Resultat der Vielfalt gemeinschaftlicher Anstrengungen, mitgebrachter und erworbener Begabungen und beruflicher Fähigkeiten. Kooperation setzt Kräfte frei, sie ist eine »Produktivkraft«[10] der menschlichen Entwicklung. Das heißt, dass bereits während des Arbeitsprozesses nicht nur das Technische und Wirtschaftliche, sondern unmittelbar das Soziale im Spiel ist. Entscheidend ist allerdings, gerade wenn man das Zusammenwirken von Kolleginnen und Kollegen etwa unter der Sichtweise von Sympathie und Antipathie betrachtet, dass die wirtschaftliche Grundlage nicht aus dem Blick verloren wird. Ohne Kooperation gibt es keine Produktion. Dieses ist und bleibt auch das ausschlaggebende Argument etwa in Schlichtungs- und Beratungsgesprächen bei kollegialen Konflikten.

Kooperation am Arbeitsplatz ist begleitet von gegenseitigem Respekt.[11] Damit verbunden ist das Können, sich gefühlsmäßig in die jeweiligen Situationen der Kollegin oder des Kollegen hineinzuversetzen, um so aus deren oder dessen Perspektive den Verlauf der Arbeit und das Miteinander wahrzunehmen. Im Arbeitsprozess wird somit eine wertschätzende, mitfühlende Kompetenz entfaltet: soziale *Empathie*. Eine auf solche Art gelingende Kollegialität trägt zu einem befriedigenden und glücklichen Betriebsklima bei.

Aber wir sehen andererseits, dass dies ein Ideal ist. Die Verhältnisse am Arbeitsplatz sind immer auch diktiert von den jeweiligen Herrschaftsverhältnissen. Manchmal sind es Vorgänge von Aktienhandel und Börsenspekulation, die – weit weg vom direkten Arbeitsgeschehen – gewaltige Veränderungen in den Firmen hervorrufen und die dem Einzelnen völlig fremd sind, denen er hilflos gegenübersteht. Wenn »Geld die Welt regiert«, warum sollte das im Kleinen nicht auch so gelten. So spiegeln sich die Besitz- und Geldverhältnisse in den unmittelbaren Kontakten zwischen Vorgesetzten und Untergebenen am Arbeitsplatz. Oft fühlen sich die Ranghöheren direkt an den Kapital- und Besitzverhältnissen beteiligt, selbst dann, wenn sie es unmittelbar gar nicht sind. Den Rangniederen verbleibt oft nur der Stolz, einer besonders bekannten Firma anzugehören.

Jede Form der Fremdbestimmung, die unvermeidlich durch Privateigentum, Kapitalverflechtungen und Börsenspekulation entsteht, wird zu einem Faktor unglücklicher Beziehungen am Arbeitsplatz. Nicht nur, dass sich Kolleginnen und Kollegen von oben dirigiert und manipuliert fühlen, der fremde Einfluss überschattet zudem ihren Umgang untereinander. Wenn einem die Verhältnisse fremd vorkommen, entsteht auch in den unmittelbaren Arbeitsbeziehungen Misstrauen, das schon durch geringfügige Gehalts- und Rangunterschiede verstärkt wird. Auf einmal wird den Dingen ein höherer Wert beigemessen als den Menschen; und schließlich sind es die Dinge, wie Einkommen, Status, Besitz, Autos, Kleidung, die die Beziehungen unter ihnen bestimmen. In der Folge verdinglichen sich die Verhältnisse am Arbeitsplatz, in den Straßen, beim Einkaufen und zu Hause. Die Verdinglichung wiederum erzeugt neue Zwänge: Der Besitzstand will gewahrt und möglichst vermehrt werden, was erhöhte Anpassungsleistungen am Arbeitsplatz zur Folge hat. Um diese zu gewährleisten, muss das Gesicht gewahrt bleiben. Die aus dem Amerikanischen kommenden Devisen »Keep smiling« und »Keep cool« sind Facetten einer Charaktermaske, die nun zunehmend das Auftreten der Menschen bestimmt.

Die Charaktermaske ist ein Als-ob-Gesicht: als ob alles von einem abgleiten würde, als ob man über allem stehen würde, als ob man alles im Griff, für jedes Problem eine Lösung hätte, als ob man immer und überall für den Betrieb, für die Nachbarschaft, für die Familie einstehen könnte ... Im Laufe der Zeit kann diese Fassade immer mehr Abwehrmechanismen erzeugen und sich zu einem regelrechten Charakterpanzer verdichten. Der Psychologe Wilhelm Reich, der diesen Begriff geschaffen hat, wollte damit vor allen Dingen die Unfähigkeit des unterdrückten Menschen beschreiben, seine Gefühle frei zu äußern, was zu Stauungen im Fluss des vegetativen Nervensystems führte. Daraus erklärt er sich einen aggressiv-verkrampften Menschentyp: den Charakterpanzer.[12]

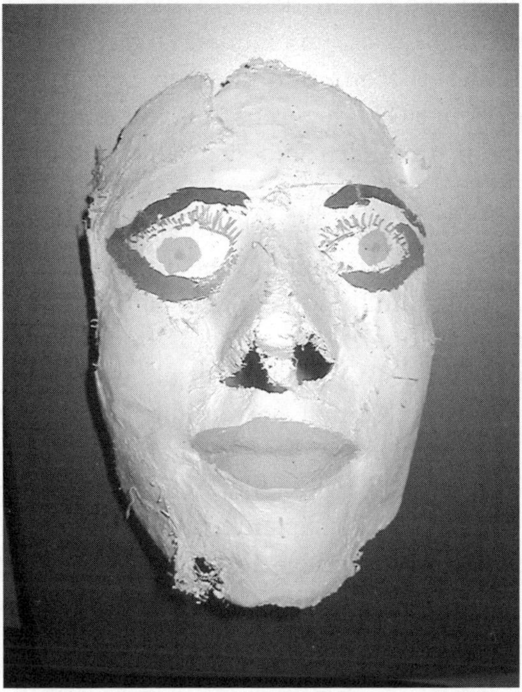

Menschen nehmen Opfer und Leiden hin, lassen sich einbeziehen in Kriegsvorbereitungen und Krieg, schauen weg, wenn Kollegen drangsaliert oder aus dem Betrieb entfernt werden, lassen sich unmerklich verwickeln in Prozesse von Manipulation und Mobbing: Es entsteht Herrschaft mit Zustimmung der Beherrschten.

Es gibt nur eine Möglichkeit, den Charakterpanzer aufzubrechen: Die Energien des Menschen müssen wieder in ihren ursprünglichen Fluss gebracht werden. Für Wilhelm Reich war mit Christus dieser Fluss in der Fülle seines Lebens gegenwärtig. Christus war der Inbegriff einer offenen, empathischen, ungepanzerten Person, in intensivem Kontakt mit den eigenen Gefühlen und denen seiner Mitmenschen. Wer an dieser Lebenskraft teilnehmen kann, dessen Panzer wird gesprengt, der kann sich für das Leben im eigenen Organismus und für das Leben der anderen Menschen in ihren Lebenswelten öffnen. Damit ist ein neuer Grund geschaffen, auf dem sich Menschen erneut einander annähern und sich gleichzeitig von den Einflüssen einer Umgebung befreien können, die sie einsetzt als bloße Mittel zur Erfüllung eines profitablen Zwecks.

Wir haben in Jugendfreizeiten Masken mit Hilfe von zurechtgeschnittenen Gipsmullbinden angefertigt. Nachdem sich einige Teilnehmer auf den Boden gelegt hatten, wurden ihnen die in Wasser getunkten Gipsbinden auf die Gesichter gelegt. Die Gipsbinden werden schnell hart. Einige Jugendliche fragten sich unter den Masken etwas ängstlich: Geht das eigentlich wieder ab? Ein wenig hatte sich der Gips richtig mit der Haut, bei den Jungen mit den Ansätzen ihrer Barthaare verklebt. Und plötzlich ist er hart – steinhart! Harte Masken – Härte, die man zeigen will, vielleicht im Leben. Verbindet sich das, was sich da um das Gesicht gelegt hat, so sehr mit einem selbst, dass man schließlich gar nicht mehr unterscheiden kann zwischen der inneren Tiefe und dem, was man nach außen hin vorgibt zu sein? Mehr scheinen als sein? Wie geht's wieder ab? Was verbirgt sich dahinter? Was kommt zum Vorschein, wenn der Gips losgeschlagen, vom Gesicht losgetrennt wird?

Was zum Vorschein kommt, ist Lebendigkeit. Das, was nicht erstarrt ist in Stein und Gips, tritt hervor: Zartheit der Haut, Mimik, lebende Gesichtszüge, Bewegung – weit mehr, als diese Masken überhaupt darstellen können, unendlich mehr! Die deutsche Rockgruppe »Die Ärzte« hat in einem Song einen jungen Mann beschrieben, der sich mit Gewalt durchsetzen will. In dem Refrain heißt es: »Deine Gewalt ist nur ein stummer Schrei nach Liebe!« Hinter der Maske von Gewalt und undurchdringlicher Härte verbirgt sich jener stumme Schrei nach Liebe. Und wenn wir genau hinschauen, dann ist die Voraussetzung aller Liebesfähigkeit, also das, was sich in der Tiefe unter der Maske verbirgt, in der stets vorhandenen Möglichkeit des persönlichen Mitempfindens und Einfühlungsvermögens, der Empathie, begründet. Wir haben bei Freizeiten erlebt, dass Kinder von Sonderschulen und Gymnasien – aus scheinbar getrennten Welten – einfühlungsvoll aufeinander zugehen konnten, wenn die Masken fielen, wenn die Beteiligten spürten, nicht Status und Schule sind entscheidend, sondern etwas ganz anderes: Ich kann fühlen, da ist ein Mensch mit seinen spezifischen Begabungen und Talenten oder mit seinem, wie Jesus es genannt hat, anvertrauten Vermögen. Die Talente des Menschen wahrzunehmen erfordert viel Feingefühl und Spürsinn, und dafür ist es egal, auf welcher Schule jemand ist bzw. aus welcher Familie er stammt. Es kommt darauf an zu spüren, da ist ein Mensch, von Gott in diese Welt gesetzt, um sich diese Welt anzueignen, sie zu verändern, mitzugestalten.

Auf diese Weise wird Empathie zu einer Quelle des Glücks, das den Gewalttätigen, den Maskenträgern und den Menschen mit dem Als-ob-Gesicht nicht zuteil wird.

Mit dem Zerbrechen der Masken, mit dem Herunterreißen des Als-ob-Gesichtes kommt in unserem Leben das zu Tage, was das tiefgründigste Gottesgeschenk ist, nämlich die Kraft des Annehmens und Mitempfindens als Voraussetzung zwischenmenschlicher Liebesfähigkeit. Das ist die Qualität hinter den Masken!

Die Selbstorganisation der Talente

Denn es ist wie mit einem Menschen, der außer Landes ging: Er rief seine Knechte und vertraute ihnen sein Vermögen an; dem einen gab er fünf Zentner Silber, dem andern zwei, dem dritten einen, jedem nach seiner Tüchtigkeit, und zog fort. Sogleich ging der hin, der fünf Zentner empfangen hatte, und handelte mit ihnen und gewann weitere fünf dazu. Ebenso gewann der, der zwei Zentner empfangen hatte, zwei weitere dazu. Der aber einen empfangen hatte, ging hin, grub ein Loch in die Erde und verbarg das Geld seines Herrn. Nach langer Zeit kam der Herr dieser Knechte und forderte Rechenschaft von ihnen. Da trat herzu, der fünf Zentner empfangen hatte, und legte weitere fünf Zentner dazu und sprach: Herr, du hast mir fünf Zentner anvertraut; siehe da, ich habe damit weitere fünf Zentner gewonnen. Da sprach der Herr zu ihm: Recht so, du tüchtiger und treuer Knecht, du bist über wenigem treu gewesen, ich will dich über viel setzen; geh hinein zu deines Herrn Freude! Da trat auch herzu, der zwei Zentner empfangen hatte, und sprach: Herr, du hast mir zwei Zentner anvertraut, siehe da, ich habe damit zwei weitere gewonnen. Sein Herr sprach zu ihm: Recht so, du tüchtiger und treuer Knecht, du bist über wenigem treu gewesen, ich will dich über viel setzen; geh hinein zu deines Herrn Freude! Da trat auch herzu, der einen Zentner empfangen hatte, und sprach: Herr, ich wusste, dass du ein harter Mann bist: Du erntest, wo du nicht gesät hast, und sammelst ein, wo du nicht ausgestreut hast; und ich fürchtete mich, ging hin und verbarg deinen Zentner in der Erde. Siehe, da hast du das Deine. Sein Herr aber antwortete und sprach zu ihm: Du böser und fauler Knecht! Wusstest du, dass ich ernte, wo ich nicht gesät habe, und einsammle, wo ich nicht ausgestreut habe? Dann hättest du mein Geld zu den Wechslern bringen sollen, und wenn ich gekommen wäre, hätte ich das Meine wiederbekommen mit Zinsen. Darum nehmt ihm den Zentner ab und gebt ihn dem, der zehn Zentner hat. Denn wer da hat, dem wird gegeben werden, und er wird die Fülle haben; wer aber nicht hat, dem wird auch, was er hat, genommen werden. Und den unnützen Knecht werft in die Finsternis hinaus; da wird sein Heulen und Zähneklappern.

Matthäus 25,14–30

Dieses Gleichnis steht im Matthäusevangelium in der Sammlung »Reden Jesu über die Endzeit«. Das sind Reden, die Jesus gehalten hat, weil ihn die Menschen in seiner Umgebung immer wieder fragten: »Herr, wann ist es zu Ende mit dieser Welt, mit diesem Jammertal, wann kommt die neue Zeit, wann bricht das Reich Gottes endlich zu uns herein?« Im Lukasevangelium finden wir dieses Gleichnis in ähnlicher Form, und da wird gesagt, dass die Menschen auf dem Wege nach Jerusalem augenblicklich mit dem Hereinbrechen des Reiches Gottes gerechnet hätten. Und dann erzählt ihnen Jesus dieses Gleichnis, so als wollte er sagen: »Wartet ab, ihr habt viel Zeit, ihr habt schon sehr viel bekommen von Gott, unserem Vater. Er hat euch viel Silber anvertraut, geht gut damit um! Macht viel daraus, viel – jetzt aus eurem Leben! Und wenn ihr das gut macht, wird sich alles andere finden. Bricht dann dieses Reich Gottes mit voller Kraft herein, dann werdet ihr weit mehr – unermesslich viel! – hinzubekommen. Aber jetzt geht sorgsam um mit dem, was ihr bereits geschenkt bekommen habt.«

Das Gleichnis ist schnell nacherzählt: »Ein Herr ...«, mit dem er wohl Gott gemeint hat – wir können, das versuchen wir später, auch an Jesus selbst denken –, »... ging außer Landes und hinterlässt den Knechten, den Menschen, einiges.« Es wird von Zentnern Silber gesprochen und davon, dass zwei das Ganze verdoppeln, einer jedoch gräbt es ein und sagt: »Ich hatte Angst; denn du, Herr, du kannst doch alles, du hast nicht gesät und erntest doch, also du kannst alles. Warum soll ich mehr machen aus dem, was ich habe? Ich habe es verwahrt.« Und von ihm wird gesagt: »Er ist ein unnützer Knecht.«

Wenn wir einmal davon ausgehen, dass der Herr in diesem Gleichnis Gott sein soll, was bedeuten die Zentner

Silber? Luther hat das mit »Zentner« übersetzt; ursprünglich stand da – und das ist die griechische Maßeinheit – *talanton* – übrigens daher auch das deutsche Wort »Talent«! Wenn wir es so übersetzen, verstehen wir sofort, was gemeint ist. Es geht ja nicht um profanes Silber, um Geld, sondern es geht um das, was uns Gott bereits anvertraut hat, eben um unsere Talente, um den inneren Reichtum – den Reichtum der Herzen der Menschen. Es geht um unsere Fähigkeit, aus unserem Leben etwas zu machen; Freundschaften zu entwickeln, Liebe zur Entfaltung zu bringen; es geht auch um unsere Fähigkeiten, produktiv zu sein in diesem Leben und uns nicht hinzusetzen und abzuwarten, was da wohl kommen mag, nach dem Motto: Gott wird's schon richten!

Ich habe einmal eine Frau gekannt, die dachte so, die sagte sich: »Dieses Leben ist ohnehin ein Jammertal. Man muss immer arbeiten, das tue ich denn auch, ich bin eine gläubige Frau, aber eigentlich warte ich ab, irgendwann wird Gottes Reich schon hereinbrechen in diese Welt, vielleicht wenn ich gestorben bin, wer weiß, aber es wird so sein. Ansonsten warte ich einfach ab.« Ich denke, diese abwartende Haltung entspricht dem, was Jesus mit dem unnützen Knecht zum Ausdruck bringen will, einfach zu sagen: »Gott wird's schon machen, alles andere ist egal.« Eben dann wären wir ein unnützer Knecht oder eine unnütze Magd. Wir würden nichts machen aus dem, was uns Gott bereits anvertraut hat.

Und in diesem Zusammenhang fällt mir noch jemand ein, der mir neulich sagte: »Ich habe viel Geld, ich lege es auf die hohe Kante, eventuell bringe ich es nach Luxemburg und lasse das Geld dort für mich arbeiten.« Er hatte die folgende Aussage des Gleichnisses gründlich missverstanden: »Dann hättest du mein Geld zu den Wechslern bringen sollen, und wenn ich gekommen wäre, hätte ich das Meine wiederbekommen mit Zinsen.« Davor steht nämlich die Frage: »Wusstest du, dass ich ernte, wo ich nicht gesät habe, und einsammle, wo ich nicht ausgestreut habe?« Auf heutige Verhältnisse zugeschnitten formuliert: »Woher weißt du, dass ich abkassiere, ohne selbst zu arbeiten?« So hat das Silber im Gleichnis die ursprüngliche Bedeutung einer Gabe, die ihre Kraft nur zusammen mit dem Empfänger zur Entfaltung bringen kann. Für sich allein ist das Silber wertlos. Geld allein löst keine Probleme, auch nicht die der Armut. Nur die Hilfe zur Selbsthilfe bringt den Armen auf die Beine und lässt ihn dauerhaft bestehen. »Silber« ist das Symbol der Mittel für die Selbstorganisation des Lebens, und die Übersetzung der Mengenbezeichnung *talanton* durch »Talent« verdeutlicht, dass hierbei weit mehr als die materiellen Mittel gemeint ist.

Was sind die Talente? Was ist das, was uns Gott anvertraut hat? Wie können wir damit umgehen? Ich glaube nicht, dass das etwas ist, was uns einfach in die Wiege gelegt wird. Dann wäre es auch denen in die Wiege gelegt, von denen dieses Gleichnis erzählt. In die Wiege gelegt ist uns das Leben, die Kraft des Lebens, die Fähigkeit, aus unserem Leben etwas zu machen – etwas Positives zu machen aus dem, was uns Gott geschenkt hat! Wir müssen es erkennen und es im Prozess unseres Lebens zur Entfaltung bringen, es vermehren – nicht um der bloßen Quantität willen, also im Sinne von Geldvermehrung, sondern im Sinne der Qualität: Besseres machen aus dem, was schon gut ist. Wir müssen erkennen, was gut ist, um es zu bewahren. Ich meine nicht nur die Schöpfung Gottes, die Natur – gewiss, das steckt da drin –, aber hier ist gerade das gemeint, was dem einzelnen Menschen anvertraut ist, und das können die unterschiedlichsten Fähigkeiten sein. »Ich will mit Geld etwas anfangen, damit es dem Gemeinwesen nützt. Ich will Arbeitsplätze schaffen« kann das heißen! Entscheidend aber ist immer die Qualität: »Nicht um des Geldes willen tue ich es, sondern ich setze es ein, um Besseres zu schaffen; ich setze mein Leben ein für andere, für das Gemeinwesen.« Dieses ist das Miteinander, das gemeint ist: Die individuellen Fähigkeiten, sei es auf körperlichem Gebiet, sei es auf geistigem Gebiet, sei es auf seelsorgerlichem Gebiet, sei es auf dem Gebiete der Gefühle, die wir alle ganz unterschiedlich haben. Jede und jeder von uns hat diese individuellen Fähigkeiten, die vielfältigen Geschenke Gottes zur Entwicklung zu bringen. Die individuellen Fähigkeiten aufeinander wirken zu lassen, damit darin unser Gemeinwesen stark wird, damit Nächstenliebe praktiziert und das Lob Gottes gesungen wird, muss das Ziel sein. Nicht bloß zu überleben, sondern gut zu leben, um in einem guten Miteinander zu leben! Das ist das Talent. Und da mag einer sagen: »Ich versuche es mit Arbeitsplätzen«; da mag ein anderer sagen: »Ich versuche es einfach mit guten Worten«; da mag ein Dritter sagen: »Ich versuche mit meiner Kraft, meiner körperlichen Kraft, etwas zu schaffen«, und da mag wiederum eine andere sagen: »Ich versuche es darüber, dass ich Menschen aufspüre, die zueinander finden. Ich will sie nicht alleine lassen, aber ich will auch mich nicht alleine lassen«. Solange wir leben, sind wir in der Lage, nicht nur unsere Talente zu finden, sondern auch unsere Talente zu qualifizieren und zu entwickeln, sie vielleicht auf eine ganz neue, ungeahnte Weise auszumachen – das Leben also zu empfinden als etwas, das immer wieder Neues für uns parat hält. Das ist das große Abenteuer Gottes, das vor uns liegt, so alt wir auch sein mögen!

Ich habe viele Menschen kennen gelernt, die im hohen Rentenalter Talente bei sich und bei anderen entdeckt haben und dadurch zu neuem Leben kamen. Wir können alle zu einem neuen Leben kommen, auch wenn wir gebrechlich sind, auch wenn wir Schwierigkeiten haben in unserem Leben. Wir müssen uns nur stets daran erinnern, dass Gott uns diese »Zentner«, diese Talente anvertraut hat und dass wir mit diesen Talenten nicht nur gut umgehen sollen, sondern sie zum Wachstum bringen müssen. Wenn man die Augen aufmacht, sieht man bei den scheinbar Unbegabtesten wunderbare Talente aufleuchten. Mancher, der schon ins Abseits geschoben wurde, taucht da empor. Und gerade die guten Gemeinden Christi werden dieses wahrnehmen können und sagen: »Du bist's, in dir steckt es, das ist es – das Silber, das Gott dir anvertraut hat. Mach was draus! Ist egal, ob du jetzt arbeitslos oder krank bist und Schwierigkeiten hast – in der Ehe, mit deinen Freunden – ist egal! Schau danach, du wirst es finden!«

Manchmal sind es nur Kleinigkeiten. In einem Zeltlager in Spanien hatten meine jugendlichen Mitarbeiter – alle etwa im Alter von 16, 17 Jahren – die Idee, einmal ein Murmelspiel zu machen, das in Gruppen gespielt wurde. Jede Gruppe sollte ein Murmelspiel konstruieren – acht Gruppen – acht Murmelspiele. Zur Verfügung standen nur einfachste Mittel: Aus geknickter Pappe wurden Bahnen gefertigt, durch Bambusrohr sollte die Murmel laufen, und das Ganze war so zu gestalten, dass auf engstem Raum, etwa 70 mal 70 Zentimeter, kleine Gebäude entstehen sollten, durch die die Murmel zu rollen hatte. Da entstanden wahre architektonische Wunderwerke, von Kinderhand gemacht – in Schiffsform, in Schlossform, in Hausform, wo dann durch Rohre und über Papptreppen die Murmel lief.

Die jugendlichen Mitarbeiter stellten sich dann die Frage: »Wie können wir eigentlich so etwas bewerten?« Man kann die Zeit stoppen, die Kreativität beurteilen, man kann ästhetische Maßstäbe ansetzen. Beim Stoppen der Zeit ist man bei der Quantität, aber nur bei der Quantität! Nimmt man jedoch die Kreativität und die Ästhetik, so ist man schon ein Stückchen weiter. Ganz allein kamen die Jugendlichen dabei auf etwas anderes. Sie fragten sich nämlich: »Wie haben eigentlich die Gruppen zusammengewirkt; wie haben die starken die schwächeren Gruppen unterstützt, eben wie haben sie ihr Talent der Kooperation, also des Miteinander-Handelns, entdeckt, genutzt und erweitert?« Und nach und nach wurde ihnen klar, wie wesentlich, von welcher qualitativen Substanz es ist, wenn Menschen gut zusammenwirken, wenn die Dinge Hand in Hand gehen, wenn einer den anderen berücksichtigt – je nach Qualifikation! »Dieses muss in der Bewertung mindestens die Hälfte der Punkte ausmachen«, war ihre einhellige Meinung am Schluss.

Man kann sagen: »Nur ein Spiel!«, aber in diesem Spiel sind so viele Dinge erwacht bei den Kindern und Jugendlichen. Und wenn man dann abends um halb zwölf zur nächtlichen Andacht – wir haben uns dazu immer im Dunkeln unter glitzerndem Sternenhimmel zusammengesetzt – noch einmal darüber nachdenkt, wird einem plötzlich deutlich: Es ist doch ein wunderschönes Geschenk Gottes, dass wir so zusammen leben können, so zusammen wirken können; dass die Dinge eigentlich nicht selbstverständlich sind und dass wir Menschen uns oft die Wege verbauen im Beruf, aber auch im familiären und nachbarschaftlichen Leben! Wie gut könnte es uns ergehen, wenn wir unsere Talente in diesem Miteinander entdeckten – im Beruf, in der Familie, in der Nachbarschaft –, so dass Gott irgendwann einmal sagen kann: »Menschenkinder, das habt ihr gut gemacht!«

Das Reich Gottes kann nicht erworben werden durch »Aufschub« noch durch »Verschieben«, indem zum Beispiel

Geld verschoben wird. Das Reich Gottes wird erworben, wenn uns klar wird, dass es bereits jetzt mitten unter uns ist, nicht in der Gänze, nicht in der Fülle, aber in so vielen Teilen, Anteilen und Elementen, die wir ergründen müssen, zum Beispiel in unseren Talenten, in dem, was uns anvertraut ist – anvertraut ist in diesem kostbaren »Edelmetall«, dem Gottesgeschenk! Und vergessen wir dabei nicht das Gotteslob als das Talent, das wir darin und darüber hinaus immer haben, indem wir wissen: Gott ist es, der uns das Leben geschenkt und die Fähigkeiten zur Entfaltung dieser Talente verliehen hat. Aber entfalten müssen wir sie! Das ist unsere Aufgabe, das meint Jesus mit diesem Gleichnis: »Gehet hin, bringt es zur Entfaltung wie die nutzvollen Knechte, die aus fünf Talenten zehn gemacht haben, die es verdoppelt haben; grabt es nicht ein; stellt euer Licht nicht unter einen Scheffel, so dass es niemand mehr sieht, sondern bringt das, was ihr könnt, so hervor, dass es leuchtet mit voller Kraft!«

Und nun kommen wir zu dem Gedanken, den – so denke ich – die urchristlichen Gemeinden hatten und den auch wir als christliche Gemeinde haben: Der Herr in dem Gleichnis ist Jesus – Jesus geht fort und hinterlässt uns etwas! Ja, was hat er uns hinterlassen, womit wir persönlich, privat, individuell so viel anfangen können? Seine Auferstehung, die nicht nur die Erneuerung des Menschen bedeutet, sondern auch die Erneuerung unserer Talente. Und was machen wir daraus? Einiges doch, aber es muss noch viel mehr werden. Manchmal – glaube ich – gehen wir mit dieser wunderbaren Hinterlassenschaft Christi sehr leichtfertig um und vergessen dabei, was uns Jesus sagen wollte: »Vergesst die Menschen nicht, vergesst nicht, dass ihr die Menschen lieben müsst; vergesst nicht, dass ihr die Gaben, die Talente der einzelnen Menschen in euren Gemeinden erblicken und fördern sollt!« Und das bringt mich auf den Gedanken, dass wir vielleicht viel mehr Gaben-orientierte Gemeinde sein sollten, das heißt, wir sollten uns, bevor wir etwas tun, orientieren an dem, was Menschen können, wo ihre Talente – ihre Interessen, ihre Bedürfnisse, ihre Möglichkeiten – liegen. Das tut man ja beispielsweise auch in unserem Posaunenchor; den hat man ja nicht deshalb ins Leben gerufen, weil man sich sagt: »Jetzt muss man den Leuten mal das Posaunenspiel beibringen«, sondern darum, weil sie es gerne tun. So gibt es auch Menschen, die gerne Seelsorge betreiben wollen oder miteinander die Bibel, aber auch andere Bücher lesen möchten, Menschen, die gerne mit den Händen arbeiten. Deshalb müssen wir auf die Gaben der Menschen als Glieder der Gemeinde achten, so dass daraus lebendige Gemeinde wird. Nachfolge Christi bedeutet, unsere Talente als Gemeinde weit mehr als bisher zum Durchbruch zu bringen. Vielleicht wäre es dann erstrebenswert, weniger Großveranstaltungen zu machen und mehr im Kleinen zu arbeiten, dabei natürlich die großen Gottesdienste nicht zu vergessen; aber ich meine, wenn man sich beklagt über leere Kirche oder leerer werdende Kirche, so ist diesem Trend nur beizukommen, indem wir beharrlich schauen: Wo sind die Gaben der Menschen? – Kommen dann die Gaben, die Talente der Menschen in unserer Gemeinde zur Entfaltung, so strömen sie natürlich auch wieder zum Zentrum der Gemeinde – ihrer Gemeinde! –, zum Gottesdienst.

Wenn aber der Gottesdienst verkommt zu einer bloßen Veranstaltung, wo man eben ab und zu mal hingeht, als besuche man das Kino, dann ist es nicht verwunderlich, wenn auch Gemeinden verkommen. Darum ist es wichtig, dass Menschen zueinander finden und sich schließlich sagen können: »Hier bin ich, hier möchte ich mein Talent, das mir Gott geschenkt hat, einbringen. Hier entdecke ich es. Auf einmal komme ich zu mir selbst, und das Leben hat wieder Sinn!« Und das Reich Gottes ist schon ein Stückchen angebrochen in dieser unserer Zeit, wenn der Geist unter uns ist. Das, so meine ich, ist der Sinn dieses Gleichnisses – des Gleichnisses von den Talenten! Dass wir uns nicht eingraben, dass wir uns nicht vergraben und uns auch als Gemeinde nicht zurückziehen, sondern dass wir eintauchen in das Leben der Talente und der Bedürfnisse der Menschen, damit wir sie zu Tage fördern – wie das Silber in den Bergwerken, das, was uns Gott seit eh und je anvertraut hat!

VI.
Autonomie

Ein Ich entsteht

Der Mensch lernt durch Tätigkeit, und handelnd gestaltet sich sein Ich. In der Regel ist die menschliche Tätigkeit zeitlich und räumlich bestimmt durch Arbeit. Ist die Arbeit gleichförmig, stupide und machtbestimmt, so läuft das Ich Gefahr, eine dem entsprechende Gestalt anzunehmen. Mit der Einbuße an geistiger und handwerklicher Vielfalt steigt das Potenzial psychischer Abhängigkeit. Die Perspektive vom Arbeiter als Anhängsel der Maschine im Chaplin-Film »Moderne Zeiten« ist

Die äußerliche Sperre und ihr Schatten im *Ich*

auch im Zeitalter von komplexer Technologie und elektronischer Vernetzung hochaktuell. Keinesfalls geht deshalb das Recht auf Arbeit immer überein mit den Menschenrechten. Schon vor 120 Jahren kritisierte Paul Lafarque[13] in seinem Traktat mit dem provozierenden Titel »Das Recht auf Faulheit« das vorherrschende Arbeitsethos, die Tugend des Fleißes und die Akzeptanz von Arbeit in der Form erniedrigender Tätigkeit. Lafarque verneinte die Arbeit als Selbstzweck und fragte stattdessen, wer sich unter welchen Bedingungen für wessen Bedürfnisse abplagte.

Mittlerweile sind die technologischen Möglichkeiten, sich wiederholende Arbeitsgänge in Produktion und Verwaltung zu beseitigen, auf höchstem Niveau herangereift. Und obwohl die Menschen über umweltfeindliche sowie überflüssige Produkte und entsprechende Fertigungsverläufe aufgeklärt sind, ist die Forderung nach gerechter Verteilung anstehender notwendiger Arbeit auf alle mit der Perspektive der Abschaffung der unfreiwilligen Arbeit nicht im Massenbewusstsein verankert.

Die Frage, warum sich der moderne Mensch trotz des inneren Strebens eines jeden Lebewesens nach Freiheit dem Zwangscharakter der Arbeit beinahe widerstandslos unterwirft, hat Wilhelm Reich in einem ersten Schritt in seiner »Massenpsychologie des Faschismus«[14] beantwortet. Um die spätere ökonomische Unterdrückung zu akzeptieren, muss der Mensch schon früh in seiner Lebensentwicklung daran gewöhnt werden, seine Bedürfnisse gegenüber äußeren Autoritäten einzuschränken. Die sexuellen Regungen und Wünsche bilden ein geeignetes Feld, das bei entsprechender Bearbeitung den Nährboden für anpassungsbereite Persönlichkeitstypen hergibt. Sind die sexuellen »Antennen« erst einmal gekappt und die Individuen ihrer primären Möglichkeit zur

Kommunikation beraubt, sind sie tauglich für die freiwillige Eingliederung in das System der Arbeit.

Eine weitere Voraussetzung für solche repressive Tauglichkeit sehe ich in der tendenziellen Gleichschaltung von Massenmedien und Familien angelegt. Je kleiner die Zahl familiär zusammenlebender Personen wird und je zahlreicher die Wohneinheiten werden, auf die sie sich verteilen, umso größer ihre Isolation und umso eindringlicher die Manipulationskraft außerfamiliärer Medien! Die Kleinfamilie ist in ihren Privatwänden unter dem Ausschluss wirklicher Öffentlichkeit leichte Beute für jedes übergeordnete Gefüge sozialer Herrschaft. Gleichzeitig reproduziert sie im Vater-Mutter-Kind-Gefälle gesellschaftliche Hierarchie im Westentaschenformat und bereitet ihre Nachkommenschaft in idealer Weise auf Disziplin und Unterordnung im großen Maßstab vor. Die kleinen sozialen Systeme sind in ihrer Masse die stabilisierenden Teile eines reibungslos funktionierenden Machtkörpers. So wird die Ausübung von Herrschaft mit Zustimmung der Beherrschten möglich – es entsteht Festkörperdespotie.

Wäre das System hermetisch geschlossen, gäbe es keinen Ausweg. Doch der Widerspruch der Menschen lässt das Gefüge hegemonialer Macht und Manipulation erzittern, und durch manchen Riss drängen sich erste Sonnenstrahlen. Im Dunkeln erscheinen sie kraftvoll und gebündelt, und man möchte an ihnen hinaufsteigen wie einst Jakob in seinem Traum, dem sich der Himmel öffnete und der danach aufbrach in ein farbenreiches und erfülltes Leben, voll von pulsierenden Aktivitäten und segensstiftenden Aufgaben. Doch Jakob war nicht allein. Er hatte Weggefährtinnen und Mitstreiter: Frauen, Männer, Kinder und Gott.

Alle Kraft und Zuversicht erhalten wir in Familie und Arbeit als den zentralen Bereichen unseres Lebens durch diese

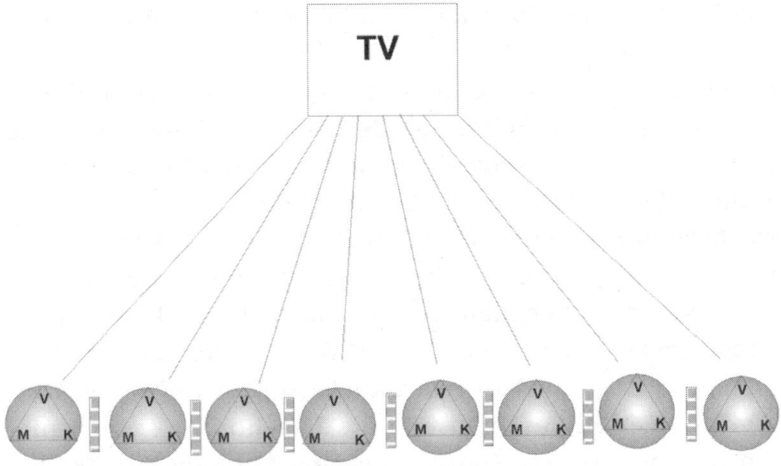

Festkörperdespotie: Isolierte Kleinfamilien im TV-Sog (V=Vater, M=Mutter, K=Kind)

Weggefährten. Dazu müssen die Wände zwischen den Familien aufgerissen werden und die Menschen sich wieder begegnen. Wie entscheidend das ist, wird nachvollziehbar an Großstädten wie Bremen, wo die Hälfte aller Wohneinheiten von nur noch einer Person bewohnt wird. Aus Begegnungen können Koch-, Essens-, vielleicht Lebensgemeinschaften, aus gegenseitiger Hilfe in der Kindererziehung Wahlverwandtschaften entstehen.

Schwieriger ist die Lage an manchen Arbeitsplätzen. Was soll man tun, wenn kollegiale Solidarität zerstört ist und an ihre Stelle Isolation und Bespitzelung, Machtkämpfe und Verhärtungen getreten sind? Was bei aller Kälte der Gefühle und in aller Dunkelheit von Mobbing weiter existiert, ist der Widerspruch. Wo es Täter gibt, gibt es Opfer, und manche Fronten und Allianzlinien haben sich verschoben. Im Widersprechen findet sich manch unerwartete Mitstreiterin, und mancher Partner wird über den beruflichen Raum hinaus gewonnen, was neue Intimität und Bündnisse entstehen lässt. Es führt ohnehin kein anderer Weg zum Arbeitsglück als der von Gemeinschaft und Solidarität. Sie sind die Voraussetzungen menschlicher Autonomie. Da sie aber auch Bedingung für eine gelingende Produktion sind, ruhen die solidarischen Aufbruchschancen nicht nur in den Poren der Festkörperdespotie. Um Glück bei der Arbeit zu empfinden, muss es nicht unbedingt zu kollegialen Betriebsübernahmen kommen – so wünschenswert sie sein mögen! Manchmal genügen organisatorische und räumliche Umstrukturierungen, reicht der Abbau überflüssiger Hierarchien und die Beachtung der vorhandenen Kompetenz, um Kooperation und Mitmenschlichkeit erneut auf den Weg zu bringen. Menschliches Wissen und Vermögen werden immer Produktivkraft gesellschaftlicher Ökonomie bleiben. Unglück und menschliche Depression können sie zum Erliegen bringen, Betriebe stürzen in sich zusammen am Mangel einer segensreichen Corporate Identity. Umgekehrt ist das Glück Triebfeder wirtschaftlichen Fortschritts. Deshalb sind die Glücksuchenden keine Bittsteller in eigener Sache, sondern die Sachwalter einer gesunden und gerechten Ökonomie. Das Glück ist Naturrecht der Arbeit, Teil der Schöpfung und von Gott gewollt.

Frau K.s Leben im Konflikt

Am Beispiel einer jungen Frau, ich nenne sie Frau K., die Opfer eines lang anhaltenden Prozesses betrieblichen Mobbings geworden ist, werden die vorangegangenen Ausführungen konkretisiert.

Seit über einem Jahr begleite ich Frau K. in seelsorgerlichen und therapeutischen Gesprächen. Sie arbeitete in einem mittelgroßen Unternehmen, das seine Produkte überwiegend nach Übersee verschifft und verkauft. Die Arbeit von Frau K. bestand vor allen Dingen darin, mit Spediteuren Kontakt aufzunehmen, um die Verschiffung der Produkte über Container zu organisieren und zu sichern. Dafür hatte sie einen über vier Jahre andauernden Vertrag. Durch ihre freundliche Art und ihren Fleiß sicherte sie sich schnell ein hohes Maß an Anerkennung sowohl im Kreis ihrer Kolleginnen und Kollegen als auch in dem der Kundschaft. Man kann davon sprechen, dass sie sich für die Firma stark engagierte, was sich unter anderem darin äußerte, dass sie als allein stehende Frau große Teile ihrer freien Zeit für zusätzliche Kundenkontakte und Gespräche, die ausschließlich der Firma zugute kamen, aufbrachte. Im Laufe der Jahre musste sie sich eigentlich sicher sein, auch über die vier Jahre hinaus fest in den Kollegenkreis der Firma aufgenommen zu werden.

Durch eine betriebliche Veränderung entstand eine neu gegliederte Hierarchie, und ihr unmittelbarer Vorgesetzter wechselte. Der neue Mann besaß eine Eigenschaft, die leider nicht selten auf den mittleren Ebenen betrieblicher Verwaltungen anzutreffen ist: Er glaubte, dadurch seine Autorität ins Spiel zu bringen bzw. zu stärken, dass er bestimmte Kundenkontakte, darunter insbesondere diejenigen mit einer größeren Speditionsfirma, gegenüber anderen favorisierte. Dabei ließ er sich in seinem Verhalten durch Sach- und eventuell auch Geldgeschenke der besagten Firma beeinflussen. Dadurch ergab sich recht schnell ein Konflikt mit Frau K., die nach bereits mehrjährigen Erfahrungen mit den verschiedenen Kunden in gleichberechtigter Weise und gemäß den Bedürfnissen der eigenen Firma sachlich umging.

Der Konflikt verschärfte sich, nachdem ihr neuer »Chef« einen jungen, unerfahrenen Angestellten damit beauftragte, innerhalb des Teams, zu dem auch Frau K. gehörte, so tätig zu werden, dass die favorisierte Speditionsfirma stärker ins Spiel kam. Obwohl die unprofessionelle Art und Weise, mit der das geschah, fast jedem ins Auge sprang, blieb der Vorgesetzte bei seiner Strategie. In zunehmendem Maße geriet die Fachkompetenz auf der unteren mit dem Machtanspruch auf der höheren Ebene in Konflikt. Da dieser nicht auf eine sachliche Art und Weise gelöst wurde, setzten sich autoritäre und frauenfeindliche Führungsformen so weit durch, dass sowohl der Betriebsrat als auch die betriebliche Frauenbeauftragte mit dem Fall befasst wurden. Den Vorgesetzten von Frau K. schien dies nicht sonderlich zu beeindrucken. Im Gegenteil: Eines Abends verschaffte er sich unter einem Vorwand Zutritt zu ihrer Wohnung und begann, sie massiv sexuell zu belästigen. Nur mit Not gelang es ihr, ihn aus der Wohnung zu weisen. Die sexuelle Nötigung hat er später mit fadenscheinigen Rechtfertigungsgründen sogar gegenüber dritten Personen zugegeben.

Eigentlich müsste man nun davon ausgehen – und Frau K. tat das auch –, dass der Vorgesetzte zur Rechenschaft gezogen würde. Doch das Gegenteil war der Fall: Ihm gelang es, den Personalchef und einzelne seiner Kollegen so zu beeinflussen, dass nicht seine betriebliche Position, sondern die von Frau K. verändert werden sollte, und zwar radikal. Da ihr Vierjahresvertrag einige Monate später auslaufen sollte, bot es sich als »normal« an, den Vertrag nicht zu verlängern, um so auf bequeme Weise dem Konflikt aus dem Weg zu gehen. Somit blieben Moral, Gerechtigkeit und vor allem die psychische Gesundheit von Frau K. trotz mehrfacher Interventionsversuche aus dem Kreis der Kolleginnen und Kollegen, des Betriebsrates, der Gewerkschaft und auch von mir persönlich auf der Strecke.

Die Frage, die nun interessiert, ist: Auf welche Art und Weise ist Frau K. mit dem, was ihr angetan wurde, und ihrer anschließenden Arbeitslosigkeit fertig geworden? Dass sie ihre schwere psychische Krise schließlich überwand, hat in besonderem Maße zu tun mit der nach wie vor bestehenden Nähe zu einzelnen Kolleginnen, aber auch damit, wie sich die Gespräche zwischen ihr und mir gestalteten. Sie waren stets geprägt von einem hohen Grad an Echtheit und emotionaler Wertschätzung. Frau K. musste nie das Gefühl haben, von mir in beruflicher Hinsicht beraten oder gar angeleitet zu werden. In unseren Gesprächen erfuhr sie etwas, das sie in der Firma weitgehend vermisst hatte: Mitgefühl und Ehrlichkeit.

Frau K. begab sich in stationäre Behandlung in einer psychosomatischen Klinik in der Nähe ihres Heimatortes. Hier traf sie auf Menschen sämtlicher Altersgruppen und ganz unterschiedlicher Berufsschichten. Sie alle hatten ähnliche Schicksalsschläge hinter sich. Es entstand eine Gemeinschaft, in der das Miteinander an erster Stelle stand. In den Gruppengesprächen filterte sich heraus, dass sich alle schwer damit taten, Konflikte zu bewältigen. Während sich Kinder zwei

Minuten lang streiten, sich die Meinung sagen und anschließend wieder die besten Freunde sind, fällt es Erwachsenen unheimlich schwer zu zeigen, was sie wollen beziehungsweise was sie nicht wollen. Dieses Defizit hängt mit der Angst zusammen, den Anderen zu verletzen oder sogar zu verlieren. Für viele ist es schwer, die Gefühle des Gegenübers, wie Wut, Enttäuschung oder Eifersucht, zuzulassen und zu ertragen. Hilfreich war, sich im Anderen und dessen Erfahrungen widerspiegeln zu können, was ein tieferes gegenseitiges Verständnis ermöglichte. Die Gesellschaft ist immer ganz schnell dabei, Menschen abzuurteilen, abzuwerten und auszugrenzen. In der Klinik hat Frau K. in den Gruppensitzungen erfahren, was es heißt, sich zu öffnen. Es kam zu langen und tiefen Gesprächen, auch außerhalb der Therapiezeiten. Die Fassaden fingen an zu bröckeln, und es war Platz für lang angestaute Tränen. Diese Erfahrungen wurden ergänzt durch eine große Bandbreite von Therapien in den Bereichen Tanzen, Reiten, Musizieren, Gestalten und Malen. Hier ging es nicht darum, gute Leistungen zu erbringen oder der Beste sein zu wollen, sondern einfach Spaß an der Freude zu haben. Auch hier zeigte sich, mit welchen Blockaden im Kopf – wie zum Beispiel »Ich mach doch nicht den Affen«, »Ich bin doch kein Kind mehr« – die Erwachsenen sich das Leben schwer machen und sich viel Freude versagen. Erst nach mehreren Therapiestunden tauten alle auf und fanden zunehmend Freude daran. Toleranz und Respekt voreinander erlangten zunehmend Priorität. Es war erstaunlich, was mancher an sich entdeckte, welche kreativen Seiten in ihm steckten. In Rollenspielen wurde unter anderem das genaue Beobachten geübt. Allen wurde schnell klar, wie schwer Beobachten ist, weil im Kopf sofort bewertet und interpretiert wird. Außerdem wurden Konflikte in Familie und Arbeit spielerisch nacherlebt. Hier kamen unterschiedliche Sichtweisen zu Tage, welche die eigene Situation und die der anderen Konfliktparteien erfahrbar machten. Dadurch wurde die Sensibilität dafür erhöht, sich selbst aus verschiedenen Perspektiven wahrzunehmen.

Eine Aufgabe, die Selbsterfahrung zu fördern, bestand darin, die eigenen Verletzungen in einem Bild darzustellen. Bei Frau K. entstand dabei die Zeichnung einer sitzenden, in sich zusammengekrümmten Frau, deren Körper und Gesicht vom Betrachter abgewandt sind. Sie entdeckte darin ein tief liegendes Bedürfnis nach Schutz vor einer oft feindseligen Umwelt. Darauf weist auch die embryonale Haltung des Körpers der abgebildeten Person hin. Obwohl das Gesicht abgewandt ist, deutet die aufrechte Kopfhaltung eine hoffnungsvolle Perspektive an. Sie selbst sagt dazu: »Trotz allem, was mir widerfahren ist, trotz des Gefühls, mich zusammenkauern zu müssen, spüre ich durch die vielen Begegnungen neue Lebenskräfte. Hier habe ich erfahren, dass man nicht perfekt sein muss, um anerkannt zu werden, weder in der Arbeit noch im Privatbereich. Stattdessen habe ich erlebt, dass Wir-Gefühle vielleicht gerade dann entstehen, wenn manche Masken fallen.« Tatsächlich wurde Frau K. schon während des Klinikaufenthaltes und besonders danach zu einer bevorzugten Ansprechpartnerin für ihre Mitpatientinnen. Zur Zeit bewirbt sie sich um freie Stellen in ihrem erlernten Beruf. Gleichzeitig denkt sie darüber nach, ihre Fähigkeit, sich in andere Menschen und deren Probleme hineinzuversetzen, durch geeignete Fortbildungsmaßnahmen zu vertiefen. Sie sieht dies auch als einen Schritt, sich von beruflichen Festlegungen zu befreien.

Sei wie eine Lilie

Schaut die Lilien auf dem Feld an, wie sie wachsen: Sie arbeiten nicht, auch spinnen sie nicht. Ich sage euch, dass auch Salomo in aller seiner Herrlichkeit nicht gekleidet gewesen ist wie eine von ihnen. Wenn nun Gott das Gras auf dem Feld so kleidet, das doch heute steht und morgen in den Ofen geworfen wird: Sollte er das nicht viel mehr für euch tun, ihr Kleingläubigen? Darum sollt ihr nicht sorgen und sagen: Was werden wir essen? Was werden wir trinken? Womit werden wir uns kleiden? Nach dem allen trachten die Heiden. Denn euer himmlischer Vater weiß, dass ihr all dessen bedürft. Trachtet zuerst nach dem Reich Gottes und nach seiner Gerechtigkeit, so wird euch das alles zufallen.

Matthäus 6, 28b–33

Selbst Salomon – unter den damals bekannten Königen wohl der reichste – war nicht so gekleidet wie eine von den Lilien des Feldes. Nur, die Lilien hat es nichts gekostet. Wenn wir darüber nachdenken, was uns am wertvollsten war oder ist im Leben, werden wir schnell feststellen, dass dies nicht in Geld zu bemessen ist. Vielleicht haben wir einmal zu einem Menschen gesagt: »Du bist wie eine Lilie. Das, was du verkörperst: Geist, Seele, Körper.« Erinnern wir uns, dass wir manches Mal, wenn wir Freundschaften eingegangen sind, gesagt haben: »Nichts kann uns trennen! Das ist das Herzstück unseres Lebens; nicht das Geld, nicht das, was wir verdienen. Wenn wir nur zusammenbleiben, dann ist alles gut. Die Liebe, die uns zufällt, ist unser Kleinod.«

Als ich über die Worte Jesu nachsann, musste ich daran denken, wie es bei mir war, als ich ein Jugendlicher war. In dieser Zeit empfand ich ein tiefes inneres Freiheitsbedürfnis und wollte hinaus in die Welt.

Mit 17 Jahre trampte ich nach Süddeutschland und schließlich nach Frankreich. Ich erinnere mich daran, dass ich einmal von einem Lastwagenfahrer mitgenommen und abseits der großen Straßen – in Frankreich gab es auf der Strecke noch keine Autobahn – südlich von Lyon abgesetzt wurde. Ich landete irgendwo in den Ausläufern des Massif Central. Es war eine ganz kleine Straße, die sich da durch das Gebirge wand, und es war unerträglich heiß an jenem Tag. Ich lief und lief immer Richtung Nîmes, aber bis dahin waren es bestimmt noch ungefähr 250 Kilometer. Ich dachte: »Was ist, wenn du jetzt verdurstet oder verhungerst? Die zwei, drei Päckchensuppen von der Mutter werden ganz bestimmt nicht ausreichen. Was ist, wenn dich keiner mitnimmt, zumal weit und breit kein Auto zu sehen ist?« Es wurde dunkel, und ich dachte mir: »Ich muss wohl aufgeben, um diese Zeit wird kein Auto mehr kommen.« Und dann hörte ich ein Geräusch wie von besonders lauten Grillen. Aber es waren keine Grillen, sondern es war die Bewässerungsanlage einer großen Apfelplantage. »Gott sei Dank, Äpfel; wenigstens etwas zu essen!« Dann legte ich mich auf meine Plane, die Decke darüber und sah in den klaren Sternenhimmel. Ich hatte ganz schön Angst, wie es weitergehen würde. Aber dann dachte ich: »Lieber Gott, wenn du nur da bist, du wirst mich schon behüten, du hast mir auch die Äpfel gegeben, und jetzt geht es mir schon wieder ganz gut.« Und natürlich ging es weiter: Am nächsten Tag nahm mich jemand mit und ließ mich bei einem kleinen Straßencafé raus. Es gab kaum Leute, aber ich schmecke noch heute den wunderbaren Orangensaft, den ich mir mit meinen letzten Centimes bestellte.

Tage später kam ich nach Perpignan in Südfrankreich. Dort nahm mich jemand mit in Richtung Spanien. Die Straße windet sich hier über Serpentinen immer höher, schraubt sich förmlich empor, und man sieht irgendwann hinab auf

das Mittelmeer. Es war ein wunderbares Erlebnis; nie zuvor hatte ich so etwas Schönes gesehen. Grenzenloses Blau, seine Farbnuancen zwischen Meer und Himmel am Horizont, die verschiedenen Tiefen der Farben im Meer – Grün, Türkis, Blau. Schon bald führte die Straße von der französisch-spanischen Grenze aus wieder hinunter zu den Ausläufern der südlichen Pyrenäen. Ich landete schließlich in einem kleinen Fischerort mit Namen Llanca an der Costa Brava. Damals gab es kaum Touristen, die kleinen Buchten waren menschenleer, und in einer dieser Buchten hielt ich mich einige Tage auf. Einige Fischer waren in der Nähe und flickten ihre Netze. Die einzige Urlauber-Familie, die es gab, kam aus Deutschland, und sie lieh mir eine Taucherbrille. Beim Tauchen fühlte ich mich wie in einem riesigen Aquarium: klares Wasser, Pflanzen, Fischschwärme, die dazu einluden, mit ihnen hineinzutauchen in die Grenzenlosigkeit und Tiefe des Meeres. Gleichzeitig fühlte ich mich unter der silbernen Wasseroberfläche getragen von einer Ruhe, die nur vom eigenen Atem unterbrochen wurde. Und dann entdeckte ich die Muscheln. Mit meinem Taschenmesser machte ich sie los und tat sie in eine Dose. Am Strand setzte ich sie auf meinen kleinen Spirituskocher. Im kochenden Meerwasser gingen die Muscheln auf. In dem Moment, als ich die Muscheln aß und meine Gitarre neben mir sah, sagte ich mir: »Nichts kann dir jetzt mehr passieren. Du wirst dich immer selbst versorgen können, sei es durch das Gitarrespielen in den Touristenorten, durch das Geld, das dir die Leute für die Musik geben, sei es durch die Muscheln, die man im Meer kostenlos findet und essen kann.« Ich fühlte mich frei und glücklich. Das Glücksgefühl war unbeschreiblich. Ich spürte meine eigenen Kräfte und einen tiefen inneren Glauben an Gott, seine Schöpfung und die Möglichkeiten der Selbstorganisation. Jedes Lebewesen kann sich selbst organisieren. Wir Menschen haben diese Fähigkeit von Geburt an bis ins hohe Alter.

Dieses Schlüsselerlebnis blieb nicht folgenlos. Auf der einen Seite blieb ich getragen von jener Sehnsucht nach Freiheit und Unabhängigkeit. Andererseits litt ich darunter, wie man auf eine merkwürdige Weise abhängig wird von dem, was man besitzt. Alle Menschen dieser Welt hätten genügend zu essen und zu trinken. Das Wort der Bergpredigt »Euer himmlischer Vater weiß, dass ihr all dessen bedürft« gilt für die armen Menschen hier im Zentrum Europas wie für die Massen armer Menschen in Afrika oder in Indien. Aber die Raffgier und das Trachten nach immer mehr Reichtum durch diejenigen, die sowieso schon viel besitzen, haben das Gefälle von Arm und Reich auf eine unerträgliche Weise zugespitzt.

Das kriminelle Desaster der riesigen Telefongesellschaft in den USA verdeutlichte, auf welche Weise selbst Menschen mit relativ geringem Einkommen den Rhythmus ihres Lebens mit den Schwankungen an der Börse verkoppelt haben. Massen von Kleinaktionären kaufen Aktien, um mit dem Spekulationsgewinn ihre Altersvorsorge zu finanzieren. »Euer himmlischer Vater weiß, dass ihr all dessen bedürft.« Er weiß, dass wir alt werden und somit alle einer gewissen Absicherung bedürfen. Aber das Trachten danach macht alles andere als glücklich.

Ich möchte auf ein Beispiel kommen, das ich in meiner damaligen Arbeit als Sozialarbeiter in Ostfriesland erlebt habe. Wir haben Pflegeeltern und Pflegekinder beraten beziehungsweise betreut. Pflegekinder sind Kinder, die durch die Jugendämter und Familiengerichte aus schwierigen, problembeladenen Herkunftsfamilien herausgenommen werden und dann vorübergehend in Pflege kommen. Oft werden daraus später langfristige Verhältnisse, die bis zur Adoption führen können. Unter anderem bestand unsere

Arbeit auch darin, die Herkunftseltern zu beraten, also die Eltern, die in der Regel heruntergekommen, manchmal vollkommen abhängig waren, zum Beispiel vom Alkohol.

Einmal sagte mir ein Mann, der seine Kinder verloren hatte und ganz tief unten und einsam war – ich habe sein ausgemergeltes Gesicht noch vor Augen: »Ach, wissen Sie, ich war mal ein fleißiger Handwerker und hatte eine gute Familie.« Er zeigte mir Bilder von der Familie in glücklichen Zeiten, von ihrem Eigenheim. Es war ein schmuckes Haus, das sie damals hatten. »Alles ist draufgegangen«, sagte er, »ich wurde arbeitslos, wir konnten die Kredite nicht mehr bezahlen, dann wurde alles zwangsversteigert. Und schließlich kam mir der Alkohol dazwischen, jetzt ist alles vorbei. Hätte ich nur damals auf meinen Freund gehört. Der wurde auch arbeitslos, und er riet mir, dass wir uns zusammentun.«

Da erinnerte ich mich an zwei Familien, die ich auch in Ostfriesland, das sehr stark von Arbeitslosigkeit betroffen ist, kennen gelernt hatte. Die beiden Familien hatten je zwei Kinder. Die Männer arbeiteten bei VW als Handwerker, und beide wurden arbeitslos. Sie besaßen schöne Einfamilienhäuser am Rande von Emden, aber mit einer Gesamtbelastung von rund 3000 Euro im Monat für beide Familien, dazu die Autos, die Ratenkredite. Dann haben die Familien gehandelt: »Wir verkaufen die Eigenheime. Zwar sind sie hoch verschuldet, aber einiges haben wir auch eingezahlt. Wir sehen zu, dass wir wenigstens das rausbekommen.« Viel blieb nicht übrig, aber es reichte immer noch, um gemeinsam ein Grundstück mit einem sehr alten, kleinen Bauernhaus zu erwerben. Das Dach war schon eingefallen und auch sonst war das Haus stark renovierungsbedürftig. Von Beruf Handwerker, sagten sich die

Männer: »Wir haben unsere Fähigkeiten und unsere Arbeitskraft. Und schließlich müssen wir nicht mehr Monat für Monat das viele Geld bezahlen.« Außerdem hatten sie zwei von ihren drei Autos verkauft. Ein Auto genügte den beiden Familien, zumal in der Nähe eine Bushaltestelle für die Kinder war.

»Und jetzt machen wir etwas daraus! Schluss mit der Abhängigkeit von den Banken, von den Zahlungen Monat für Monat.« Sie haben sich erinnert an die Worte von den Vögeln im Himmel, den Lilien auf dem Feld. »Warum müssen wir abhängig sein?« Sie haben es sich richtig gemütlich gemacht auf dem kleinen Bauernhof, ein wenig Vieh für sich gehalten, ein bisschen Ackerbau betrieben. Irgendwann bekam zuerst eine der beiden Frauen und schließlich auch einer der Männer Arbeit. Es handelte sich nur um einfache Arbeiten und kleinere Aufträge. Viel brauchten sie schließlich nicht, um glücklich zu sein. Aber es entstand ein neues Glück. Ein Glück, das nicht mehr getrübt war durch die Umklammerungen der Banken, durch die Daumenschrauben, die ihnen angelegt waren, durch die Ängste: Was wird passieren, wenn eine der großen Fabriken mal Pleite macht? Was geschieht mit den Arbeitsplätzen, wenn eine der großen Firmen auf Beschluss von oben einfach den Standort wechselt?

Was also können wir tun? Jesus gibt eine gute Antwort. Er sagt nicht, dass wir den Kopf in den Sand stecken und warten sollen, dass es der liebe Gott schon richten werde. Er sagt: Mobilisiert eure Kräfte, die euch Gott geschenkt hat, Kräfte der Selbstorganisation. Trachtet nicht nach Abhängigkeiten, sondern nach der Freiheit; wie die Lilien auf dem Feld, wie die Vögel im Himmel, die nicht säen, nicht ernten, aber vom himmlischen Vater ernährt werden. Und ihr habt ganz andere Ziele im Leben, die euch glücklich machen, nämlich dass ihr miteinander gerecht umgeht, miteinander für eure Existenzen sorgt und euch liebt. Habt ihr vergessen, wie ihr damals gesagt habt: »Du bist meine Lilie? Wenn wir nur uns haben, unsere Liebe, was kann uns passieren?« Vielleicht ist dieser Satz die wesentliche Wahrheit in eurem Leben gewesen, vielleicht sogar die einzige. Vergesst sie nicht! So würde vielleicht Jesus heute sagen zu denen, die arbeitslos werden, zu denen, die in Abhängigkeit sind, in materieller Abhängigkeit. Geld und Reichtum machen uns nicht glücklich, ebenso wenig diejenigen, die die Arbeitskraft kaufen, sie ausbeuten und je nach Wirtschaftslage willkürlich wieder freisetzen. Machen wir uns frei von solcher Abhängigkeit so weit wir können, um wieder frei zu werden für das Leben, das wir geschenkt bekommen haben.

Um wie viel Sorgen werden wir erleichtert, wenn wir so miteinander umgehen und leben. Machen wir die Augen auf, lasst uns hinausgehen in die Natur und unter die Menschen und annehmen, was wir füreinander in Freundschaft und Liebe empfinden. Lassen wir unsere Sorgen von uns fallen und sagen wir uns: »Gut ist es, dass wir leben. Gut ist es, dass wir so weit gesund sind.« Wir alle haben unsere Krankheiten, unsere Gebrechen und auch unsere Abhängigkeiten, niemand ist frei davon. Aber wir können uns auf den Weg der Befreiung machen. Das ist für mich die frohe Botschaft von Jesus Christus.

VII.
Hoffnung

Seelenverwandtschaft

Es ist einmal gesagt worden, das größte Glück bestehe darin, einen guten Freund zu finden. Auch in dieser Aussage schimmert das Prinzip der Selbstorganisation durch. Denn so wenig wir für die Herkunftsfamilie können, ihr gelegentlich sogar ausgeliefert sind, so sehr sind wir im Stande, Freundschaften zu gründen und zu pflegen. Im Gelingen von Freundschaft ist in entscheidendem Maße menschliches Glück begründet. Der Psychologe Alfred Adler[15] hielt die Freundschaft in ihrer Auswirkung auf die seelische Stabilität für gleichbedeutend wie Familie und Arbeit. Und in der modernen Psychotherapie haben Existenz und Einfluss von Freundinnen und Freunden einen zentralen Stellenwert. Fehlt im Leben eines Menschen eine »Ecke« des dreifachen Bezugs von Familie, Arbeit und Freundschaft, so gerät die Seele in Not, und die psychische Gesundheit gilt als gefährdet.

Freundschaft hat eine produktive und eine ausgleichende, kompensatorische Seite. So können Freunde helfen, erfahrenes Leid zu mildern. Aber solche Kompensation ist oft getrübt von einseitigem Nutzen. Freundschaft wird erst tragfähig durch wechselseitiges und ausgeglichenes Geben und Nehmen. Aber selbst dann kann sie sich in gegenseitigem Trost erschöpfen. Erst das Handeln im Hier und Jetzt für eine gemeinsam definierte Aufgabe macht Freundschaft produktiv und hoffnungsvoll. So bleibt ihr Licht nicht verborgen in den Winkeln intimer Fürsorge, sondern wird wegweisend sein für die Neugestaltung des Lebens.

Das Licht des Lebens

In ihm war das Leben, und das Leben war das Licht der Menschen (Johannes 1,4)

Vor kurzem bin ich gefragt worden: »Wo eigentlich steht in der Bibel der Begriff Glück?« In der Tat findet man in den normalen deutschen Bibeln den Begriff vom Glück so gut wie nicht. Zum

Teil ist das ein Problem der Übersetzungen. So übersetzt Luther beispielsweise den griechischen Begriff für »glücklich« mit »selig«. Alle Seligpreisungen beginnen mit diesem Adjektiv. Darüber hinaus wird in der biblischen Sprache der Begriff oft bildhaft umschrieben. So hat in der hebräischen Sprache des Alten Testaments und der griechischen des Neuen Testaments der bildhafte Ausdruck »Licht« auch die Bedeutung von Erleuchtung und Glück. Über 200 Mal gibt es diesen Ausdruck in der gesamten Bibel. Das bringt mich zu der Frage: »Warum hat das Licht diese Bedeutung für das Glück der Menschen?«

Im Verlaufe seines ganzen Lebens strebt der Mensch zum Licht. In der Regel steht »Licht« für ein Streben nach Freiheit, nach Befreiung von häuslichen, elterlichen, schulischen und beruflichen Zwängen. Wir wollen gerne selbstständige, autonome Lebewesen werden. Das ist ein Ziel unseres Lebens, und wir verbinden damit das Gefühl eines glücklichen Daseins. »Ich fühle mich glücklich, wenn ich mein Leben selbst in der Hand habe und nicht mehr abhängig bin von anderen; wenn *ich* selbst entscheiden kann, wenn ich mich verlieben kann, jemanden finde, mit dem ich mich zusammentun kann.« Dieses Streben nach Autonomie durchzieht unser Leben.

Jede Form der Abhängigkeit droht einen Schatten über das Dasein zu werfen und die menschliche Existenz zu verfinstern. Indem der Mensch zur Autonomie strebt, durchdringt er die Finsternis, um ans Licht zu gelangen. In aller Regel erzeugt das Leben wertvolle Anteile der Autonomie. An problematischen Schnittpunkten des Lebens drängen sich jedoch neue Abhängigkeiten auf. Die Wechseljahre sind beispielsweise so ein Einschnitt, der auf unterschiedliche Weise die persönliche Entwicklung beeinflussen kann. Das Leben eines jeden Menschen auf dieser Welt, egal wo er lebt, in welcher Armut oder in welchem Reichtum, wird begrenzt von hereinbrechenden

Krankheiten und von der Realität des Todes. Der Tod eines geliebten Menschen kann einem den Boden ebenso unter den Füßen wegziehen wie unwillkürlich auftretende, früher nie gekannte Todesängste. Das Leben erfährt eine jähe Wende, wenn man sich mit einem Herzinfarkt im Krankenhaus wiederfindet oder plötzlich von nicht nachlassenden Schmerzen geplagt wird. Die hereinbrechende Finsternis wird zur Krise der Autonomie des Individuums. Wie ein Drogenabhängiger die Fessel der Droge fühlt, so spürt der erkrankte Mensch die Abhängigkeit von Leid und Schwäche. Die Frage, die ihn von nun an beschäftigt, lautet: »Wie kann ich mich befreien von den quälenden und bedrohlichen Zuständen des Körpers und der Seele?«

Doch in der Finsternis wird die Wahrnehmung für das Licht präziser. Wir kennen das alle: Wenn, nachdem sich die Augen an die Dunkelheit gewöhnt haben, die Jalousie am Fenster einen Spalt breit geöffnet wird, erkennen wir die Lichtschlitze überdeutlich, fast grell. Es ist wohl so, dass unser ganzes Seelenleben gerade in finsteren Momenten nach dem Licht strebt, das vor dem dunklen Hintergrund mit neuer Kraft erstrahlt. Der Gedanke erinnert mich an das, was Jesus mit »Neugeburt« gemeint hat. Einmal kam ein gelehrter Pharisäer, ein Rabbi, zu Jesus. Sein Name war Nikodemus. Nikodemus fragte Jesus: »Was kann ich tun, um zu leben?« Darauf antwortete Jesus: »Um zu leben, musst du neu geboren werden!« Daraufhin fragt jener: »Wie kann ich neu geboren werden? Soll ich in den Schoß der Mutter zurück?« Darauf Jesus: »Du, ein Lehrer Israels, solltest das nicht wissen? Neu geboren wird man mit Wasser und mit Geist.« Aus dem Schatten des Todes werden wir hineingeboren in das neue Licht des Lebens!

Vielleicht ist es das, was man gemeinhin mit Krankheitsgewinn bezeichnet. Viele Menschen, die ich am Krankenbett besuchte, haben mir mitteilen können, dass ihre Krankheit auch eine Zeit der Neubesinnung und ihrer inneren Umkehr gewesen ist. Das Gefühl konnte sich einstellen, dass es viel mehr gibt, als man bisher angenommen hat. Das Leben erschöpft sich nicht in permanenten Schaffensprozessen, im Anhäufen von materiellen Reichtümern, dem Abbezahlen von Krediten, den tagtäglichen Aufregungen und Verlustängsten. Auf eigentümliche Weise hat die Krise die Erkenntnis ermöglicht, dass dies alles nur Steine der Mauern sind, die man um sich herum gezogen hat. Man wähnte sich sicher hinter ihnen, doch in Wirklichkeit haben sie einem das wahre Lebenslicht genommen. Die Krise kann empfunden werden wie ein gewaltiger Einsturz, der den Blick wieder frei macht für das Licht. Ein Licht, das bis in die innersten Seelenwinkel vorzudringen vermag.

Das Licht ist ein Gleichnis für menschliches Glück. Zugleich schwingen in den alten biblischen Sprachen im »Licht«-Begriff Bedeutungen eines glücklichen Lebens unmittelbar mit.

Was ist Licht? Die Physiker erforschen ständig diese Frage, und es besteht unter ihnen Übereinkunft, dass es eines der größten Geheimnisse des Kosmos ist. Wenn wir in den Sternenhimmel schauen, dann gehen wir davon aus, dass das, was wir sehen, das Licht ist. Aber der gesamte Raum ist auch in seiner scheinbaren Dunkelheit erfüllt vom Licht. Albert Einstein erkannte, dass Licht nicht aus Teilchen, sondern aus Quanten oder Photonen besteht. Was Photonen sind, weiß niemand, wahrnehmbar sind sie nur über ihre schwingende Bewegungsform. Die langen Radiowellen – auch eine Form des Lichts – kann der Rundfunkempfänger hörbar machen; die viel kürzeren Lichtwellen aus der Energie der Sonne sind dem menschlichen Auge und Nervensystem zugänglich. Eine Streichholzschachtel enthält 100 Milliarden Lichtquanten. Dem Licht ist es egal, ob man die Streichholzschachtel öffnet oder schließt: Es ist stets anwesend. Das Licht von der Sonne – so sagen wir – braucht acht Minuten bis zur Erde. Sollte die Sonne einmal plötzlich erlöschen, so sehen wir ihr Licht immer noch acht Minuten lang. Das menschliche Gehirn nimmt dabei die Wirkungsweise des Lichtes in Form seiner Wellen wahr, nicht das Licht selbst. Das Licht ist längst da, unabhängig davon, ob die Sonne glüht oder nicht. Deswegen können wir mit geschlossenen Augen inneres Licht empfinden. Auch ein blinder Mensch gelangt zum Licht. Wenn wir sagen, dass von einem Menschen Licht ausgeht, dann nicht deshalb, weil er wirklich leuchtet, sondern weil die schon vorhandenen Photonen in eine solche Bewegung gesetzt werden, dass wir auf geheimnisvolle Weise diesen Vorgang als leuchtende Aura wahrnehmen können.

Was Jesus mit der Neugeburt meinte, ist ein Heilwerden durch Licht. Durch Gottes Geist werden wir empfänglich für das schon immer vorhandene Licht. Deswegen können manche Kranke sagen: »In den dunklen Augenblicken des Leidens habe ich so viel Licht empfunden. Noch nie habe ich den Sinn meines Daseins so intensiv wahrnehmen können, jeder Tag, jede Sekunde ist mir kostbar geworden wie ein Geschenk des Lichtes!«

Wir Menschen werden alle mal krank, und immer werden wir Verfinsterungen erleben, Krisen unserer Autonomie, unseres Strebens nach Freiheit und Glück. Wir werden eben auch Unglück erleiden. Aber die Finsternis kann ein Hintergrund für das Licht werden. Licht, das wir zuvor in den scheinbar glücklichen Zeiten noch gar nicht wahrgenommen haben, erfahren wir auf ganz neue Weise. Und weiter können wir nach den Erkenntnissen moderner Physik davon ausgehen, dass die Finsternis das Licht bereits enthält.

Licht ist Energie und damit Voraussetzung des Lebens sowie der Photosynthese des biologischen Wachstums. Deswegen können wir bei Johannes erfahren: »Jesus war das Leben, und das Leben war das Licht der Menschen« (Johannesevangelium 1,4). Je tiefer wir in den kosmischen Zusammenhang von Energie und Licht vordringen, umso mehr verstehen wir, dass man sich von Zeit und Raum nur einen Begriff machen kann durch die Kraft des Denkens. Schon Platon erkannte, dass es hinter dem Licht noch etwas anderes geben muss, was er die »Idee« nannte. Damit aber bleibt der Mensch angewiesen auf die Welt seiner Ideen und Denkmodelle. Scheinbar ähnlich wie bei Platon erfahren wir zu Beginn des Johannesevangeliums: »Am Anfang war das Wort, und das Wort war bei Gott.« Im Griechischen heißt »Wort« »Logos«, was auch Geisteskraft bedeutet. Also hinter dem Licht, das den ganzen Raum auch in seiner Dunkelheit erfüllt, steht noch eine andere Dimension. Bei Johannes weist diese Dimension auf Gott. Noch nie hat jemand das reale Licht gesehen, geschweige denn die Realität Gottes. Physiker wie Albert Einstein sind auf die Knie gegangen und haben ausgerufen: »Ich habe erlebt, dass diese Schöpfung so wunderbar ist. Und je mehr ich sie erforschte, umso mehr nahm ich das Licht des Wunders wahr, so dass ich nicht mehr anders kann, als wie ein Kind zu sagen: Danke dir, lieber Gott, für dieses Licht, das du uns schaffst, denn dahinter steckt noch einmal dein Wort und die Kraft deines Geistes.« Was sollen wir sagen? Wir können noch so klug sein, aber letztlich können wir nur in jener Naivität, die uns Jesus gelehrt hat, sagen: »Lieber Vater im Himmel«. Jesus, der ein Kind in die Mitte stellte und ausrief: »Wer nicht wird wie dieses Kind, der ist nicht geschaffen für das Himmelreich.« Dies ist jene sekundäre Naivität, von der oben bereits die Rede war.

Am Ende aller Forschung und Erkenntnis ist es der redlichste Ausdruck unseres Bemühens, wieder zu werden wie die

Kinder. So wusste schon Sokrates: »Wenn ich eines weiß, dann weiß ich, dass ich es nicht weiß. Aber das wenigstens weiß ich.« Aus dem Unvermögen unserer Erkenntnis können wir Gott anreden wie ein Kind: »Du bist wie eine Mutter, wie ein Vater, und ich möchte, dass du mit all der Güte und der Gnade zu mir bist, wie ich mir gute Eltern vorstelle.« Alte Menschen, die diese Kindlichkeit wiedererlangt haben, werden von manchem Erwachsenen belächelt. Vielleicht habe ich auch einmal darüber gelächelt, aber heute lache ich nicht mehr. Heute empfinde ich tiefe Bewunderung für die Menschen, für die vielen Kranken, die ein Heil erlebt haben in ihrer Finsternis und die herauskamen aus dem Schatten des Todes, was Finsternis ja auch heißt, und hinfanden in das Licht des Lebens. Für die, die auf eine kindliche Weise wieder lächeln und lieben können, wieder spüren, dass es viel mehr gibt, als wir Menschen schaffen und produzieren können.

Der Geist Gottes wird verglichen mit dem Licht. Im Neuen Testament wird er zudem mit der Wirkungsweise der Energie in Verbindung gebracht. Wirkungsfelder[16] entstehen. Wir selber werden zu Wirkungsfeldern des Geistes Gottes, indem wir aufrichtig sind, uns lieb haben, kämpfen gegen die Finsternis. Das sind die Kraftfelder seines Geistes. Bilder des Feuers, des Windes und des Wassers sind entstanden: drei Elemente. Warum fehlt die Erde als das vierte Element? Weil der Mensch aus der Erde kommt und wieder zu Erde wird. Um ihn nicht mit uns zu vergleichen, wurden als Lebenssymbole für den Geist Gottes die drei Elemente Feuer, Wind und Wasser ausgewählt.

Wünschen wir uns, dass wir in aller Trauer und Krankheit, in aller Unruhe und Angst stets das Heil des Lichtes finden. Wir werden sehen, wie es wirkt, unser Wohlbefinden erhöht, unsere Kräfte stärkt gegen Krankheit und Finsternis, auch gegen die Trauer, weil wir wissen: Weit über unsere Grenzen

hinaus existiert das Licht Gottes. So mancher Mensch ist schon aus dem Fast-tot-sein zurückgeholt worden, und alle erzählen sie vom Licht. Wir werden einmal hineintauchen in das Licht und unsere Liebsten, ob Eltern, Ehepartner, Freundinnen, Freunde, Kinder, an ihrer und unserer Liebe wiedererkennen. Wünschen wir uns, dass wir dieses Licht schon hier finden; denn Jesus hat das Reich Gottes nicht nur verkündigt als ein Reich der Jenseitigkeit, sondern als ein Reich, das bereits mitten unter uns beginnt im göttlichen Licht. Gewiss wird es immer wieder verfinstert durch eine in Schuld verstrickte Welt. Aber ist daraus ein Recht abzuleiten, einfach einzutauchen in die Finsternis und zu sagen: So ist es, man kann doch nichts machen? Nein, Kinder des Lichts zu sein bedeutet, aktiv zu werden für das Licht der Welt, gegen Finsternis und Armut, um den Hunger nach Gerechtigkeit und Liebe zu stillen.

Nimmermehr sterben

Ich bin die Auferstehung und das Leben. Wer an mich glaubt, der wird leben, auch wenn er stirbt; und wer da lebt und glaubt an mich, der wird nimmermehr sterben. Glaubst du das?

Johannes 11,25–26

Es war der Tag vor Totensonntag. Und Christine ging wie jeden Tag auf den Friedhof. Da stand sie und der Regen prasselte. Sie hielt den dunklen Schirm gegen den Wind gepresst, der schon Sturmstärke annahm. Sie stand da vor dem Grab ihres Mannes Josef; über zwei Jahre war es nun her, dass er gegangen war. Jeden Tag, Tag für Tag kam sie hierher. Jeden Tag einmal, und sie dachte: »Es ist kein Tag vergangen, dass ich nicht hergekommen bin.« Auf die Grabplatte hatte sie schreiben lassen: »... nimmermehr sterben«. Sie selbst wusste gar nicht, wieso sie darauf gekommen war, so etwas zu schreiben: »... nimmermehr sterben«. Ihr war völlig unklar, woher sie das hatte, aber ihr war danach. »Nein, Josef«, dachte sie leise bei sich, »der liebe Gott lässt einen Mann wie dich doch nicht sterben; du wirst nicht sterben, du bist bei ihm. Und wenn ich hier bin, dann fühle ich: Du bist beim Allmächtigen, du bist dort, wo unsere Sehnsucht von Kind auf hingegangen ist, zu einem guten Gott, zu einem Gott unserer Mütter und Väter. Es wird alles gut, Josef«, dachte sie.

Josef kam aus katholischem Haus, daher auch sein Name. Aber damals, als er in ihre Stadt kam und sie sich kennen lernten, da wollte er auch gerne in ihrer großen Gemeinde sein. Es war eine gute Zeit mit ihm. Manches Mal musste sie daran denken, wie sanftmütig er war, wie er mit einer ganz besonderen Toleranz über alles dachte, wie er oft nachgiebig war, auch ihr gegenüber, und wie er ihr half im

Haushalt, ihr zur Seite stand. Damals, als sie das erste Kind bekamen. »Damals«, dachte sie, »so lange ist es ja noch gar nicht her. Er ist nur 66 Jahre alt geworden.« Und es ging ihr durch den Kopf, wie verbittert sie war, als er starb. Nur 66 Jahre, das ganze Leben hatte er geschuftet in der Firma, sich krumm gelegt. Und irgendwann konnte er gar nicht mehr. Dann kam das Rentenalter; er hat eigentlich nur ein Jahr davon gehabt. Dann erlitt er den ersten Herzinfarkt, am zweiten war er dann gestorben. »Was hat er eigentlich gehabt von seinem Leben?« Während sie so in sich versunken war, ließ der Regen etwas nach, und die Kolonne, die da schon von weitem zu sehen war mit den vielen schwarzen Regenschirmen, stand etwas entfernt vom Grab Josefs. Der Wind trug einige Fetzen herüber von dem, was dort an dem anderen Grab gesagt wurde. Und einiges konnte sie verstehen, auch dieses Wort: »Ich bin die Auferstehung und das Leben, wer an mich glaubt, der wird leben, auch wenn er stirbt. Und wer da lebt und glaubt an mich, der wird nimmermehr sterben.« Da war es, dieses Wort, das auf der Grabplatte stand: »... nimmermehr sterben«, da kam es her; jetzt fiel es ihr ein, sie hatte es manches Mal gehört bei anderen Beerdigungen. »Nimmermehr sterben«, das hatte der Pastor gesagt.

Dieses Wort, das Christine auf die Grabplatte ihres Mannes geschrieben hatte, stammt aus dem Johannesevangelium. Johannes 11, Vers 25: »Ich bin die Auferstehung und das Leben, wer an mich glaubt, der wird leben, auch wenn er stirbt. Und wer da lebt und glaubt an mich, der wird nimmermehr sterben.«

Wörtlich steht da: »Der wird nicht sterben bis in alle Ewigkeit.« Das sagte Jesus zu Martha. Martha ist die Schwester von Lazarus gewesen. Lazarus, der tot war oder tot schien, auf jeden Fall waren alle in Trauer und voller Entsetzen: »Mein, unser Bruder ist tot, Lazarus ist tot!« Und Jesus fragte Martha nach der Auferstehung. Und sie sagte: »Gewiss Herr, eine Auferstehung, das mag ich wohl glauben, am Jüngsten Tag.« »Nein, nein«, sagte Jesus, »nicht der Jüngste Tag, nein, das meine ich nicht.« Und dann sagt er eben dieses Wort: »Ich bin die Auferstehung und das Leben, wer an mich glaubt, der wird leben, auch wenn er stirbt.«

»Wer an mich glaubt«, sagt Jesus. Jesus hält sich nicht für Gott, aber er spürt doch, dass die Kraft Gottes in ihm lebendig geworden ist und dass Gott letztendlich in allem lebt, was Gutes bewirkt, und so auf wunderbare Weise in Christus Jesus. »Wer an mich glaubt«, das kann ich nur so verstehen wie: Gott ist nicht fern. Und wer an Gott glauben kann in Christus, der glaubt an einen lebendigen Gott, der glaubt an keinen Gott, der irgendwo über uns schwebt, fern von uns ist und sich womöglich die Hände reibt über unsere Trauer und all das Elend. Der sich die Hände reibt ob unserer Angst. Nein, so ein Gott ist das nicht. Es ist ein Gott, der in Christus sich mit uns gefreut, mit uns gelebt hat, manche Feste gefeiert, aber auch mitgelitten hat. Im Leiden ist er uns nahe gekommen, unseren Ängsten, unserer Verzweiflung und unserem Zweifel. Voll innerer Zerrissenheit schrie Jesus sterbend aus: »Mein Gott, mein Gott, warum hast du mich verlassen?« Aber er hat ihn nicht verlassen. Wir leben aus seiner Auferstehung, aus diesem größten aller Wunder. Wir leben aus seinen Worten, wir leben aus seinem Leben, aus dem, was er uns hier sagt: »Ich bin die Auferstehung und das Leben, wer an mich glaubt, der wird leben, ob er gleich stürbe.« Auch wenn er stirbt, wird er leben. Hat Christine nicht Recht, wenn sie glaubt, dass ihr Josef nicht tot ist, wenn sie dieses Nimmermehr-Sterben so glaubt?

Ich denke, Christine hat Recht. Es ist nicht so, dass wir denken müssen, alles wird irgendwie verschoben auf den Sankt Nimmerleinstag. Es heißt nicht St. Nimmerleinstag, es heißt »nimmermehr sterben«. Wie sagte doch Jesus zu dem, der neben ihm am Kreuz litt: »Noch *heute*, noch heute wirst du mit mir im Paradies sein.« Wir wissen natürlich nicht, wie dieses Paradies aussieht. Menschen, die dem Tod sehr nahe gewesen waren, berichten, sie wären durch eine Röhre in ein gleißendes, helles Licht hineingekommen und hätten innerhalb von Bruchteilen von Sekunden, in einer Kürze der Zeit, die unaussprechlich ist, noch einmal alles gesehen, viele Teile ihres Lebens noch einmal förmlich erlebt, vor allen Dingen das, was sie lieb gewonnen hatten: Wärme, Zuversicht, Vertrautheit, die Tiefe des Glaubens. Es gibt Untersuchungen darüber, auf welche Weise in der ganzen Welt Menschen diese so genannten Nahtoderfahrungen gemacht haben. Der Leiter eines wissenschaftlichen Instituts in Weinberg, das sich ausschließlich mit diesen Fragen befasst, sagte im Rahmen eines Interviews: 90 Prozent der Menschen, die so etwas erlebt haben, kehren zurück in dieses Leben als außerordentlich gläubige Menschen, egal wo dies auf unserer Welt geschieht. Sie haben gespürt: Es gibt eine geheimnisvolle Kraft, es muss etwas geben außerhalb unseres Lebens, wo wir alle einmal hingehen werden. Und er sagt weiter: Wenn unser Gehirn so etwas denken, empfinden und fühlen kann, dann muss so etwas einen Sinn haben; denn alles hat in der biologisch-geschichtlichen Entwicklung der Lebewesen, also auch von uns Menschen, irgendeinen Sinn. Es kann nicht darum gehen, dass wir irgendwie beruhigt werden – ganz im Gegenteil: Gerade die Angst vor dem Tod hat den biologischen Sinn, dass der Organismus alarmiert wird und sich schützt vor todbringenden Gefahren. Der tiefe Sinn muss damit zusammenhängen, dass das menschliche Gehirn eine das Individuum übergreifende Vorinformation vom Geschehen des Übergangs von diesem Leben in eine andere Existenz hat. Und diese Vorinformation, die den menschlichen Organismus nicht warnt oder gar ängstigt, gibt ihm ein Gefühl von Geborgenheit und ein Vertrauen in die Bewahrung all dessen, was in seinem Leben an liebevoller Nähe hervorgebracht worden ist.

Die bekannteste Nahtoderfahrung im Neuen Testament ist die des Apostels Paulus. Im 12. Kapitel des 2. Korinther-Briefes spricht er davon, wie er im Rahmen solcher Erfahrungen der Welt förmlich entrückt war. Von diesem einauf Grund dessen er zunächst sogar blind wurde, sagt er: »Ich habe den Himmel, Unaussprechliches gesehen. Und ich bin so erfüllt von der Gnade, die mir dadurch widerfahren ist, dass ich wohl immer abgehoben von dieser Erde leben könnte. Aber damit ich wieder zurückgeholt werde auf den Boden der Tatsachen, hat mir Gott so etwas wie einen Pfahl in meinem Fleisch gegeben.« Vielleicht das Symbol für seine Depressionen, worunter er immer wieder litt, »damit ich nicht gleich abschwebe. So grandios ist mir dieses Erlebnis gewesen, so nah war ich Gott, und so habe ich seine Stimme gehört: Saul, Saul, warum verfolgst du mich«. Und aus Saulus wurde Paulus, wurde ein Mensch, der um die Welt segelte, die damals bekannte Welt, und der die Leute erfasste mit seinem tiefen Glauben: Es gibt weit, weit mehr, als wir in dieser Existenz erfahren. Von Paulus kommen die wunderbaren Worte von dem Samenkorn, eingesenkt in die Erde zum Sterben, damit es lebt. Indem es stirbt, das Samenkörnchen, lebt es, entfaltet eine neue Qualität. Wenn wir es nicht besser wüssten: Wer würde denn schon sagen, dass aus einem kleinen Weizenkörnchen einmal eine Pflanze wird, ganz anders gestaltet und doch herkommend aus diesem winzigen Korn? »Von Herzen ahnend und doch etwas, was kein Auge je gesehen«, das, was kommen wird jenseits unseres erfahrbaren Raums und unserer erfahrbaren Zeit. Und doch ahnbar und spürbar, wie Christine meint, weil Gott – wie es in den Psalmen 16 und 73 heißt, »ein Teil von mir« ist – ganz mit mir verbunden. Und wenn es stimmt, das Gott so zu uns gehört, in dieser Welt und in Jesus Christus Teil von uns ist, dann ist dies das grandioseste Stück Ewigkeit, das wir selbst in unseren Herzen haben. Dann nimmt es eben auch nicht wunder, dass die Menschen, die schon fast drüben waren, übereinstimmend in der ganzen Welt von diesem Lichtschein der Ewigkeit erzählen. Dann nimmt es auch nicht wunder, dass Jesus selbst von diesem Licht – ganz besonders im Evangelium nach Johannes – begeistert war und es so in die Mitte gestellt hat. »Ich bin das Licht des Kosmos«, hat er gesagt und »Wer mir nachfolgt, der wird das Licht des Lebens haben«. Und umgekehrt ruft er an anderer Stelle den Menschen zu: »Ihr seid das Licht der Welt!« Dieses Licht zu spüren, auch angesichts des Schreckens des Todes und all der Trauer, die uns in unserem Leben begleiten, ist eine tiefe Dimension des Glaubens. Ich denke, Christine hat Recht: Das Leben hört eben nicht auf mit dem Tod, der Tod ist nur eine Grenze wie die Geburt.

Es waren einmal Zweifler an der Auferstehung bei Jesus, die wollten ihn auf die Probe stellen. Als Jesus ihnen antwortete, sagte er: »Habt ihr vergessen, was Gott dem Mose gesagt hat am brennenden Dornbusch? Ich bin der Gott deiner Väter.« Das war alles: »Ich bin der Gott deiner Väter.« Und dann ruft Jesus den Zweiflern an der Auferstehung zu: »Ihr irrt sehr!« Was meint er damit? Ich denke, er meint es ähnlich wie Christine: Wenn Gott ein Gott der Väter ist und nicht nur ein Gott war, dann ist Gott ein Seiender, ein Gott im Fluss der Zeit, der immer da ist, dann ist er, wie Jesus anschließend auch sagt, »nicht ein Gott der Toten, sondern ein Gott der Lebenden«. Eben: »Ich bin der Gott deiner Väter.« Und wir könnten hinzufügen: Deiner Mütter, all der Menschen, die du liebst, die nicht mehr hier sind auf dieser Welt, aber doch *in* der Welt, dem Kosmos Gottes. Daher auch der alte Gottesname, der so übersetzt werden kann: Ich bin der seiende Gott, der immer war, der immer ist, der immer sein wird. Nicht der Gott des Todes, sondern der des Lebens. Auf diese Weise führt uns Gott in Jesus Christus in das Licht des Daseins der Welt. Und so können die Tränen abgewischt werden. Und so kann die tiefe Gewissheit in uns Raum gewinnen, dass eben nicht einfach Schluss ist mit dem Tod. Ganz im Gegenteil: Das Leben fängt auf eine ganz neue Weise wieder an. Gott wird die Herzen der Menschen wieder zusammenführen, alles das, was in diesem Leben geliebt, gehofft und geglaubt wurde, alles das, was irgendwo an Güte gewonnen wurde und sich im Herzen Raum geschaffen hat, das wird Gott auch erhalten. Darum ist das Gefühl von Christine nacherfahrbar: »Die Sanftmut, das, was ich erleben durfte an Liebe, an Zärtlichkeit, das, woran ich mich gerne erinnere, das wird mir letztlich nicht genommen.« Es ist das, was Gott bewahrt wie einen kostbaren Schatz. Was er uns hier schon geschenkt hat und was Teil unseres Herzens ist, aber was dann eine Dimension erfährt, die »kein Auge je gesehen« hat. Auch Jesus hat vom Reich Gottes jenseits unserer irdischen Existenz nur in Bildern gesprochen; in den wunderschönen Bildern der Natur: Senfkorn, fruchtbarer Acker, Weizenkorn. Aber in diesen Bildern ahnen wir: Es bleibt erhalten, was gut gewesen ist, und erfährt doch eine Verwandlung.

Am folgenden Tag, dem Ewigkeitssonntag, ging Christine nicht zum Friedhof. Sie ist noch sehr oft hingegangen, später, aber an diesem Tag eben nicht. »Eigentlich seltsam«, dachte sie, »alle gehen doch gerade an diesem Tag.« Aber an jenem Ewigkeitssonntag ist sie nicht gegangen, weil sie das Leben in sich aufkeimen spürte und zu sich selbst sagen konnte: »Es ist gut, dass ich lebe und wieder da sein kann für die Menschen in dieser Welt.« Ihr war, als spürte sie den Atem der Ewigkeit im Jetzt.

VIII.
Umkehr

Im Kokon der Zeit

Die Zeit gilt als objektiv, zuverlässig und ganggenau, aber sie entpuppt sich als Feindin des Lebens: unberechenbar und galoppierend, unerbittlich und ohne Gnade. Je älter wir werden, umso mehr erfahren wir, dass die Zeit nicht außerhalb von uns verläuft, sondern wir selbst Teil der Zeit sind. Mit zunehmendem Alter empfinden die meisten Menschen die Zeit als eine dahinschwindende Größe. Was vor Jahren und Jahrzehnten geschehen ist, erscheint im Rückblick so, als sei es gestern gewesen. Im Laufe der Lebensentwicklung gleichen die Zeitabstände einem Tunnel, der immer kürzer zu werden scheint, je öfter man ihn durchfährt. Der Mensch ist ein Gewohnheitstier: Wie im Beispiel des Tunnels gewöhnt er sich an »normale« Tages-, Wochen- und Jahresabläufe, und was zunächst unbekannt und zeitaufwändig war oder erschien, geht ihm nach zahllosen Zeitdurchläufen selbstverständlich und schnell von der Hand. Wie in einem Raum alles seinen Platz hat, so hat alles seine Zeit. In beängstigender Weise bewegt sich das Leben in einem vorgefertigten, oft fremdbestimmten Zeittakt. Kindergärten, Schulen, Betriebe und Geschäfte sind nach exakten Schemata der Zeit organisiert, Arbeitsabläufe bis auf die tausendstel Sekunde zerlegt und getaktet; der Mensch wurde so zum Anhängsel von Maschine und Zeit. Zeitapparate und Uhren bestimmen das Leben.[17]

Auf diese Weise zerrinnt die Zeit wie in einer Sanduhr, und der Blick zurück ist getrübt von der Enttäuschung einer Zeit, die ausgelaugt und leer, gerafft und verloren erscheint. Eine

Ent-Täuschung ist das Ende einer Täuschung. Manchem kommt an diesem Punkt des Lebens in den Sinn, dass dem Glücklichen keine Stunde schlägt.

Je intensiver der Mensch lebt, umso weniger befasst er sich mit der Zeit und besonders wenig mit der, die im Vergangenen liegt. Wehmut entsteht aus dem Mangel an intensiv gelebtem Glück im Hier und Jetzt. Wenn sich die Leere paart mit sich wiederholenden, linearen Zeitabläufen, dann drängen sich die Gedanken in die fiktive Erlebnisdichte des Vergangenen. Da das Langzeitgedächtnis wie eine Festplatte auf biochemischer Basis funktioniert, sind seine Inhalte gut abrufbar. In einem inneren virtuellen Raum spielen sich weit zurückliegende Ereignisse auf eine Weise ab, die dem Betrachter das Gefühl eines gegenwärtigen Nacherlebens ver-

mittelt. Das Gefühl ist umso trügerischer, als die Inhalte der biologischen Festplatte in idealisierender Weise manipuliert werden können. Der Mensch ist eingeschlossen im Kokon der Zeit. Alles, was war, ist besser als das, was ist.

Doch jeder Kokon birgt im Dunkeln einen Schmetterling. Er wird sich als solcher nur entpuppen, wenn wir uns lösen aus den Fesseln der Vergangenheit und selbst bereit sind, in das Leben zurückzufinden. Eine solche Umkehr ist zu allen Zeiten in der Lebensentwicklung möglich und notwendig. Sie fällt aber besonders den Menschen schwer, die Freunde und Geliebte verloren haben, und sich in ihrem Inneren Projektionsräume für die wiederkehrenden Bilder vom heilen Glück in einst blühenden Landschaften eingerichtet haben. Die damit einhergehende soziale Vereinsamung und psychische Depression vernebelt den Blick dafür, dass sich der Kokon der Zeit um das Leben geschlungen hat und es zu ersticken droht.

Die folgenden Ausführungen sollen deshalb veranschaulichen, dass Umkehr und reale Neuerfahrung von Glück auch bei Menschen möglich sind, die sich diesbezüglich in einer scheinbar ausweglosen Situation befinden. Wem ein Mensch durch den Tod genommen wurde, den trifft das nicht nur hart, der wird nicht nur heimgesucht von einer großen Tragödie, dem wird – die Liebe vorausgesetzt – ein Stück aus seiner Seele herausgerissen. Nichts in der Welt und niemand kann es heilen, kitten oder kompensieren. Der Verlust ist irreparabel. Auch die Zeit heilt nicht alle Wunden. Letztendlich kommt man nie darüber hinweg. Wie aber kann dann das Leben weitergehen? Wie kann man zurückfinden zu einem Stück Normalität, wieder hinfinden zu einer bloßen Winzigkeit von Glück? Jesus sagt: »Selig seid ihr, die ihr jetzt weint, denn ihr werdet lachen.« Dieses auf Jesus selbst zurückgehende Wort ist mehr als ein tröstender Zuspruch. Hierin ist die Weisheit verankert, dass Trauer und Glück zusammenhängen können. Ab einem vorher nicht bestimmbaren Zeitpunkt des Trauererlebens entsteht als neue Qualität der Trauer das Gefühl von Sehnsucht nach einer neuen, nicht mehr so sehr von Schmerz und dunklen Gefühlen durchsetzten Zeit. Diese Sehnsucht hängt natürlich auch mit den Erinnerungen an eine erfüllte Zeit zusammen und wird zunächst aus der Vergangenheit gespeist. Zu einer Freundin der Trauer wird die Sehnsucht aber erst dann, wenn sie sich auf das Hier und Jetzt des menschlichen Lebens bezieht. Wenn die Sehnsucht nach einem Jenseits der Trauer verlangt, kündigt sich ein Ende des trübseligen Grübelns über das Vergangene an. Geschichte und zukünftige Erwartung, Vergangenheit und Zukunft beginnen auf neue Weise miteinander zu verschmelzen.

In der Regel geschieht die Überwindung der Trauer prozesshaft. Das erste Jahr ist das schwierigste, weil sich alle möglichen Gegebenheiten zu wiederholen scheinen: Feier- und Festtage, Jahreszeiten und die mit alledem verbundenen Erinnerungen. Wie kann Trauer überwunden werden? Die Voraussetzung ist wie bei der Liebe die Gemeinschaft: Gemeinschaft mit Gott und den Menschen. Gemeinschaft mit Gott als dem universalen Sein der Liebe. Das bleibt abstrakt und unerreichbar, wenn es sich nicht im Einzelnen, in jedem Akt der Mitmenschlichkeit, der Nähe zu anderen, der Spontaneität zärtlicher, liebevoller Beziehungen realisiert. Insofern greifen Allgemeines und Einzelnes immer ineinander: In jedem einzelnen Akt der Nähe unter den Menschen wird, kann Nähe Gottes erfahrbar werden.

In meiner Kirchengemeinde haben Witwen und Witwer diese Nähe für sich spürbar werden lassen. Eine anfänglich kleine Gruppe ist bislang auf 23 Frauen und Männer herangewachsen. Leider sind es nur wenige Männer. Zwar trifft sich die große Gruppe nur einmal im Monat, aber inzwischen haben sich eine ganze Reihe Untergruppen gebildet, die sich spontan mehrmals im Monat, manchmal sogar mehrmals in der Woche treffen. Dies findet selbst organisiert in den Häusern der Beteiligten statt. Die Bewältigung von Trauer und die Suche nach Trost werden immer wieder zum Thema, an dem ich mich eher als Seelsorger denn als Betroffener beteiligen kann. Ich selbst habe vor gut 20 Jahren Mutter und Vater verloren und war als einer von vier Geschwistern noch Vormund meiner jüngsten Schwester. Es vergehen wohl Jahre, damit eine Einstellung heranreifen kann, wie ich sie heute bei mir vorfinde: Die Eltern sind nicht wirklich weg, sondern sie sind in einer anderen Dimension und begleiten mich im Grunde in meinem Leben und auf meinem weiteren Lebensweg. Ich kann es heute so sehen, dass all das, was sich in Liebe und in göttlicher Kraft miteinander verbunden hat, im Grunde das ist, was Jesus »himmlische Schätze« genannt hat und was ewig währt. Aber das ist im Moment der Katastrophe und der Schwere der Trauer für die Betroffenen nur ein schwacher Trost. Der einzige Trost, den sie in der an den Tod grenzenden Zeit haben, ist die Mitbetroffenheit der anderen, ganz besonders derer, die in jüngerer Zeit einen geliebten Menschen verloren haben. Die gemeinsame Betroffenheit erzeugt gewissermaßen eine Solidarität in der Trauer. In der Leidensgemeinschaft erfährt jeder, wie der andere mit der Einsamkeit, der inneren Rastlosigkeit, dem Mangel an Schlaf und Ruhe umgeht. Jede der Frauen und jeder der Männer erlebt es unterschiedlich und findet unterschiedliche Antworten und Strategien, der seelischen Not zu begegnen. Indem diese ausgetauscht werden, entstehen gemeinsame Ideen, das innere Leid miteinander zu bewältigen.

Eine solche Idee war beispielsweise, mit einem Teil der Gruppe in ein fremdes Land zu reisen. Man stellte sich vor, vielleicht durch die Entfernung und die Andersartigkeit einen Abstand zur aktuellen Trauersituation zu erlangen. Da ich an der katalanischen Costa Brava ein altes, aber recht großes Bauernhaus besitze, konnte ich die Gruppe dorthin einladen. In dieser Zeit entstand ein Reisetagebuch, das im Anhang dieses Buches ab Seite 164 veröffentlicht ist. Um einige der angedeuteten Aspekte einer Umkehr in ein neues Leben zu veranschaulichen, möchte ich im Folgenden einzelne Szenen des Tagebuchs zitieren.

Zufall bedeutet, dass ein Ereignis einer notwendigen Entwicklung zufällt. Für die Witwen bestand die Notwendigkeit darin, sich wieder für das Leben zu öffnen, den Kokon der Zeit zu knacken. Merkwürdig können da schon die Zufälle sein!

Ganz umsonst und frisch vom Baum: Feigen aus Vilamaniscle

»Nach einer Übernachtung in der Winzerstadt Macon gerieten wir in Südfrankreich in einen Autobahnstau. Die ganze Fahrt durch Frankreich war bis dahin einwandfrei verlaufen; wir waren gut gelaunt, und ausgerechnet kurz vor der spanischen Grenze hatte ich den Verkehrsfunk abgestellt, um eine Musik-CD zu hören. Es gab Streik in Frankreich. Lastwagenfahrer hatten viele Tankstellen blockiert und nun auch noch die Grenze. Nach einigem Hin und Her ging auf der Autobahn überhaupt nichts mehr. Alles stand; es war Nachmittag, und wir mussten uns wohl darauf einrichten, Stunden um Stunden, vielleicht sogar die ganze Nacht dort auf der Autobahn zu verbringen. Wir standen in der Nähe eines Seitentors, das natürlich verschlossen war, da man für die Fahrt auf den Autobahnen in Frankreich bezahlen muss. Einige Franzosen hatten schon versucht, das Tor aufzubekommen, aber ergebnislos. Mein Vorschlag, die Polizei anzurufen, damit es geöffnet werde, wurde nur belächelt: ›Was macht schon die Polizei!‹ Da kamen wir auf die Idee, eine Leitplanke herauszuschrauben. Ich sah, dass es sich um 48er, vielleicht 52er Muttern handeln musste. Wir sprachen mit einem Lkw-Fahrer, und der brachte gleich seinen ganzen Werkzeugkasten mit. 16 Schrauben waren es, die wir zu lösen hatten, und mit 12, 13 Männern brachten wir die Leitplanke zur Seite. Gleichzeitig schnitten zwei andere mit Seitenschneidern den Umzäunungsdraht durch, so dass wir über den Weg eines Weinfeldes auf eine kleine Straße gelangen konnten, die unter der Autobahn durchführte. Auf dieser Straße sind wir dann über viele kleine andere Straßen zur Küstenstraße gefahren, um von dort über die Serpentinen nach Spanien zu gelangen – immerhin war auch die Nationalstraße von den Lkw-Fahrern gesperrt. Gegen 20.00 Uhr am Abend kamen wir schließlich in dem kleinen Dorf Vilamaniscle an, wo sich das Bauernhaus, unsere Ferienunterbringung, befindet. Während der Fahrt und auch noch am Abend haben wir viel gelacht über das, was wir erlebt hatten, besonders über den gemeinsamen Ausdruck, der von den Franzosen geprägt wurde: ›Libération collective‹.« (Siehe Seite 164 f.)

Ein unbeschreibliches Gefühl von Freiheit überkam uns, als wir im voll besetzten Auto singend durch die französischen Weinberge am Südhang der Pyrenäen fuhren. Wir erreichten die Küste und die Sonne versank wie ein Feuerball am Horizont des Mittelmeers. Für einen Moment schien alle Trauer von den Frauen gewichen zu sein, und ein Lebensgefühl trat an ihre Stelle, das nach langer dunkler Zeit den Blick wieder ganz nach vorne richtete. Die Gruppe vermochte eine freundschaftliche Zuversicht zu vermitteln, die ihre Tragfähigkeit über die Ferien hinaus erweisen sollte.

Als wir in den späten Abendstunden unser Dorf auf der spanischen Seite der Grenze erreichten, erschien das Fremde fast vertraut.

Das Bauernhaus, in dem wir leben sollten, ist in dem kleinen katalanischen Dorf Vilamaniscle. »Vilamaniscle liegt inmitten von Weinbergen. Eine kleine Straße schlängelt sich zum Dorf hinauf, das man irgendwann vor sich am Hang der Pyrenäen liegen sieht – so als hätte Gott selbst es ›dahingespuckt‹. Die Straße endet im Dorf. Es gibt kaum Touristen. Die gut 100 Einwohner sind Weinbauern oder Handwerker. Manche arbeiten in der nahe gelegenen Stadt Figueres, die durch das Dalí-Museum bekannt geworden ist. In der Ferne ist die Stadt zu sehen. Ihre Häuser wirken wie in die Landschaft gestellte Bauklötze. Im Südosten erblickt man einen Schimmer des Mittelmeeres, und in nördlicher Richtung geht es durch ein langes Tal, das bereits Hannibal mit seinen Elefanten durchquert haben soll, hoch in die Pyrenäen nach Frankreich: ein alter Schmugglerweg – Fluchtweg der Verfolgten von Bürgerkrieg und Franco-Diktatur!« (Siehe Seite 166)

Hier zu leben bedeutete, sich miteinander einzurichten, Vertrauen herzustellen in der alltäglichen Organisation des Lebens. Für Kochen, Putzen, Einkaufen und sonstige Verrichtungen des Haushalts wurde ein Plan erstellt; es entstand eine Hausgemeinschaft ohne Hierarchie und Bevormundung.

»Heute, am Freitag, musste ich zunächst einmal wieder runter ins Dorf fahren, um Brot zu holen. Nach dem Frühstück machten wir uns einen ruhigen Vormittag – die Frauen mit ihrer Handarbeit, einige gingen ins Dorf oder aufs Land, und ich begab mich ins Bürgermeisteramt, um endlich das Tagebuch auf den aktuellen Stand zu bringen. An diesem Vormittag konnte ich auch einige Predigten überarbeiten und ausgedruckt mit nach Hause nehmen.

Reben und Weinstock im Pyrenäensturm »Tramontana«

Nach dem Mittagessen und der darauf folgenden Pause fuhren wir in zwei Gruppen zu dem kleinen Fischerort, um dort eine Weile am Strand zu verbringen, ins Dorf zu gehen und einzukaufen. Das Wichtigste aber war, gegen Abend dabei zu sein, wie die Fischer alle vom Fang zurückkamen. Es war ein beeindruckendes Erlebnis, wie die Fische von den Booten abgeladen und auf der anschließenden Fischversteigerung unter die Händler gebracht wurden. Natürlich hatten wir für den Abend frische Makrelen und Sardinen gekauft, um sie auf unserer Terrasse zu grillen und dann zu essen. Für manche war es vielleicht ungewohnt, aber ich glaube, es hat allen gut geschmeckt – wohl auch deswegen, weil die Makrelen mit Thymian und Rosmarin, von uns zuvor in der Natur gesammelt, gewürzt waren. Es war mal wieder ein gemütlicher Abend im Freien: Wir sangen ein wenig, hielten eine Andacht, und später wurde noch ein bisschen miteinander gesprochen. Einige Frauen wollten mit mir noch ins Dorf fahren, um zu Hause anzurufen; besonders wegen einer Familie in Deutschland sorgten wir uns auf Grund eines schweren Krankheitsfalles. Der Abend klang dann aber mit viel Ruhe und Gemütlichkeit aus.« (Siehe Seite 172 f.)

Das Mittelmeer und seine felsige Küste, der Geruch wilder Pinien, von Anis und Lavendel erregten unsere Lebensgeister. Eine besondere Kraft aber ging von der Gruppe aus, die von selbst Gestalt annahm und nur geringer Anregungen von außen bedurfte. Es genügten einige Peseten, um mit dem Fisch aus dem Hafen und dem Wein aus der Kooperative des Dorfes an einem Abend die ganze Gruppe zu versorgen. Man lebte zwar nicht von »Luft und Liebe«, aber doch aus jener Kraft und in dem Gefühl, das manche laue Sommernacht erzeugen kann. Es genügten einfache Mittel und kurze Absprachen, um einen Gottesdienst mit der katholischen Gemeinde des Ortes vorzubereiten, der seinerseits Ausgangspunkt für weitere Begegnungen und neue Freundschaften wurde. (Siehe Anhang auf Seite 167 f.)

Wenn ich heute das Reisetagebuch lese, fällt mir der gleichmäßige und ruhige Ablauf der Tage auf, der selbst durch die Häufung unvorhergesehener Ereignisse – Streik, Wirbelsturm, Straßenblockade, Unfall – nicht aus dem Rhythmus gebracht werden konnte. Wie am Anfang des Lebens scheinen Ruhe und Sehnsucht die Menschen auch an der Grenze ihrer Neugeburt zu umhüllen. Alle äußerlichen Störungen und alles Bedrängende prallen ab wie von einer unsichtbaren Fruchtblase. Als würde der Organismus ahnen, dass etwas Neues entsteht, worin nicht mehr die Lebenszeit, sondern das Leben in den Zeiten maßgeblich wird.

Wie ein nie versiegender Bach

Er sagte ihnen aber ein Gleichnis darüber, dass sie allezeit beten und nicht nachlassen sollten, und sprach: Es war ein Richter in einer Stadt, der fürchtete sich nicht vor Gott und scheute sich vor keinem Menschen. Es war aber eine Witwe in derselben Stadt, die kam zu ihm und sprach: Schaffe mir Recht gegen meinen Widersacher! Und er wollte lange nicht. Danach aber dachte er bei sich selbst: Wenn ich mich schon vor Gott nicht fürchte noch vor keinem Menschen scheue, will ich doch dieser Witwe, weil sie mir so viel Mühe macht, Recht schaffen, damit sie nicht zuletzt komme und mir ins Gesicht schlage. Da sprach der Herr: Hört, was der ungerechte Richter sagt! Sollte Gott nicht auch Recht schaffen seinen Auserwählten, die zu ihm Tag und Nacht rufen, und sollte er's bei ihnen lange hinziehen? Ich sage euch: Er wird ihnen Recht schaffen in Kürze. Doch wenn der Menschensohn kommen wird, meinst du, er werde Glauben finden auf Erden?

Lukas 18,1–8

Wenn wir uns diesen Text vor Augen halten, dann sehen wir einen Richter, der, wie er von sich selber sagt, nicht an Gott glaubt, auch die Menschen nicht scheut und sich letzten Endes überhaupt nicht um sie kümmert.

Im griechischen Text ist nicht die Rede von einem »ungerechten Richter«, sondern von einem »Richter des Unrechts«. Damit wird die ganze Geschichte viel klarer, weil dieser Richter verstrickt ist in ein Netzwerk menschlichen Unrechts. Dieses Un-Recht deckte die Unrechtmäßigkeiten, die im Tempel von Jerusalem herrschten, mit dessen Hilfe sich Menschen immer mehr bereicherten – ja, sich zu einer richtigen Kaste entwickelten und die Armen immer ärmer werden ließen. So ergab sich ein ganzes Netzwerk von Zoll- und Tempelsteuerbestimmungen und Abgabenordnungen im Dienste von Rom und dem Königshaus von Herodes. In diesem System existiert dieser Richter – ein Richter der Herrschenden, der das, was als Recht gilt, das aber objektiv eigentlich ein Unrecht ist, weil es die Menschen immer mehr ausbluten lässt, aufrechterhält. In diesem Unrecht wirkt er wie selbstverständlich; darin ist er rücksichtslos gegenüber Gott und den Menschen; er kennt nur die Rücksicht gegenüber einem Recht, das seinerseits rücksichtslos ist gegenüber den Menschen.

Und dann wird uns erzählt von einer Witwe, die auf ihr Recht pocht und hartnäckig an ihrer Forderung festhält, bis sich irgendwann dieser Richter des Unrechts sagt: »Nun denn, ehe sie mir noch Scherereien macht und mir vielleicht ins Gesicht schlägt, was eine große Blamage gegenüber den hohen Herren bedeuten würde, gebe ich ihr nach.« Hartnäckig war sie! Dabei sollte es doch die Normalität sein, dass für Menschen, die ganz unten waren, die Gemeinschaft aufkommt. An vielen Stellen in den Büchern Mose geht es um das Recht der Witwen und der Waisen, zum Beispiel um ihr Recht auf die Nachernte. Auf Grund der vielen Bestimmungen und Verordnungen, die mehr und mehr zu einem Geflecht des Unrechts wurden, verkümmerte dieses Recht der armen Menschen – das Recht der Menschen, die am unteren Ende einer Gesellschaft angelangt waren, das Recht der Ausgestoßenen!

Jesus stand auf ihrer Seite – Jesus jedenfalls schuf ihnen Recht und in seiner Nachfolge die urchristlichen Gemeinden, die immer dafür sorgten, dass beispielsweise die Witwen einen ganz besonderen Platz hatten; für sie warf man das Geld zusammen zur Sicherung ihres Lebensunterhaltes. Für sie, für die Waisen und Witwen, für sie, die so vieles verloren hatten in ihrem Leben – nicht nur Geld! –, für sie sollte gesorgt sein.

Und heute – ist es denn da rechtmäßiger geworden? Ist die Rechtsprechung für die Richter heute leichter? Ist es so, dass wir wirklich heute ein Armenrecht haben? Gewiss, es gibt Sozialhilfe, aber das Rechtsgebäude, das nach und nach entstand, ist eher ein Besitzstands- als ein Armenrecht. Ich möchte das an zwei Beispielen verdeutlichen.

Ich denke an die modernen »Turmbauten von Babel«, die Atomkraftwerke, und an die ganzen Gesetze, die damit verbunden sind. Gesetze, die die Atomkraftwerksbetreiber absichern sollen, Gesetze, die ihren Mülltransport absichern, Gesetze, die sie selber absichern sollen, damit sie im Falle von großen Unfällen nur mit einigen Millionen zu bürgen brauchen. Es gibt mittlerweile ein ganzes Geflecht von Gesetzen, das nach meiner Meinung ein von Menschen initiiertes großes Unrecht schützen soll. Es ist ein Unrecht, wenn Menschen sich derart an der Natur vergreifen, wenn Atome gespalten werden und die Folgen nicht absehbar sind. Es ist nicht berechenbar, was geschieht, wenn sich irgendwann ein großer Unfall, ein Super-Gau, ereignet! In der Vergangenheit haben wir ja schon erfahren: Alle sieben bis acht Jahre passieren in Atomkraftwerken größere Unfälle, der schlimmste Unfall bisher war Tschernobyl. Und jetzt erleben wir die ungeheuerlichen Folgen! In voller Härte kommt erst heute zum Vorschein, wie die Menschen darunter leiden, ganz besonders die Kinder, die an Leukämie erkranken! Es ist ein Unrecht, was Menschen da auf sich geladen haben!

Und die Witwe von heute? Ich denke, vielleicht ist es die Mutter eines an Leukämie erkrankten Kindes in der Nähe eines Atomkraftwerks, die irgendwann klagt. Und die Richter stellen sich hinter die geltenden Gesetze und weisen die Forderungen der Betroffenen ab. Noch hat sich nichts geändert, weil das System so hartnäckig und verschlungen ist. Aber es gibt viele Bürger, darunter zahlreiche Wissenschaftler, die sich auf die Seite dieser Mutter stellen würden oder schon gestellt haben und beharrlich sind, weil sie – wie die Witwe damals – dranbleiben, weil sie auf die Schutzrechte der Anwohner pochen.

Ein anderes Beispiel: die Arbeitslosenhilfe! Ein Plan der Regierung sieht vor, die Arbeitslosenhilfe jährlich um fünf Prozent zu kürzen. Wenn das realisiert wird, dann werden die Menschen, die – wie damals die Witwen – am unteren Ende der sozialen Stufenleiter sind, weiter geschädigt in dem Wenigen, das sie haben. Und irgendwann – in drei, vier, fünf Jahren –, wenn die Betroffenen ein Viertel weniger Leistungen erhalten, werden sie mit Sicherheit den Weg zum Sozialamt antreten müssen. Dann obliegt es den Gemeinden, mit dieser Belastung fertig zu werden. Die Richter werden sich wiederum auf das neue Gesetz oder die Verordnung berufen und sagen: »So ist das nun einmal!« Und die Witwe von heute ruft aus: »Verschaff uns Recht, das ist nicht rechtens, so geht das nicht, so könnt ihr nicht mit den Ärmsten der Armen umgehen!« Es ist in zunehmendem Maße das, wovon Jesus spricht, was Erfolg nach sich zieht: das Bohren, die Nachhaltigkeit, das Sich-Widersetzen der betroffenen Menschen gegen dieses gigantische Unrecht, in das sich alle verstrickt haben!

Das ist der Aspekt, um den es Jesus geht, indem er sagt: »Wenn schon diese arme Frau einen Richter des Unrechts beknien kann, wie viel mehr könnt ihr dann erreichen, wenn ihr Gott bittet, wo doch Gott der Gott des Rechtes ist.« Die Propheten haben es ausgerufen, so Amos: »Recht aber fließe wie Wasser und Gerechtigkeit wie ein nie versiegender Bach.« Es geht um die Gerechtigkeit Gottes. Diese Gerechtigkeit empfinden die Menschen in ihren Herzen. In analoger Weise finden wir solche Gerechtigkeit auch als

Naturrecht in allen Völkern; die Gerechtigkeit Gottes finden wir in der Bibel im mosaischen Gesetz; wir finden sie in der Existenz Jesu Christi. In seinem Dasein lag Gerechtigkeit. Lassen wir diese Gerechtigkeit wirksam werden!

Wenn schon der Richter des Unrechts nachgibt, wie selbstverständlich ist es da für Gott, der kein Richter des Unrechts, sondern ein gerechter Richter ist. Wir müssen uns darauf besinnen und das Gebet verstehen als eine völlig berechtigte Bitte um Gerechtigkeit: »Gott, hilf und steh uns bei, verschaffe uns Recht!« Damit es ein Ruf wird durch uns alle hindurch – ein Besinnen! Ich stelle mir manchmal vor: Wenn die Menschen auf dieser Welt alle für einen Moment die Luft anhielten, sich alle auf einmal für einen kurzen Augenblick der Besinnung hingäben, wenn das nur ein einziges Mal gelänge, wie könnte die ganze Natur dann durchatmen!

Würden die Menschen beten und zum Gott der Gerechtigkeit finden, dann müssten sie merken, welche babylonischen Türme sie unentwegt errichten und wie viel Arroganz dahinter steckt! Welche Kraft der Liebe würde freigesetzt, wenn wir, uns selbst zurücknehmend, sagen könnten: »Es ist doch letztlich Gottes Gerechtigkeit, die wirksam ist – wirksam in uns.«

Es gibt verschiedene Vorstellungen davon, wie man zu Gott beten kann. Man kann zu Gott beten, indem man sich ihn wie eine Person vorstellt. Wir sagen mitunter wie ein kleines Kind: »Lieber Gott, hilf mir«, weil wir es nicht anders vermögen. In diesem Sinne lehrte Jesus uns, Gott wie einen Vater anzureden. Wie ein Kind also, das kann dann sehr persönlich sein! Und gewiss ist die Vorstellung, dass Gott selbst in das Geschehen eingreift, gut nachvollziehbar, für manche Menschen mehr als für andere. Wenn andererseits

Gottes Gerechtigkeit in uns ist, dann enthält das Gebet auch die Bitte, dass in uns dieser Geist als Kraft Gottes wirksam werde. Dann heißt das Gebet doch, dies aufkeimen zu lassen unter kleinen und großen Gruppen, unter vielen Menschen, so dass das Ganze eine verändernde Kraft wird. So begreife ich die Worte des ehemaligen Stasioffiziers von Leipzig: »Wir haben an alles gedacht, nur nicht an Kerzen und Gebete!«

»Wird der Menschensohn Glauben finden?«, fragt Jesus zum Schluss. Diese Frage ist nicht die Frage eines Zweiflers, sondern sie entspricht eher einer Aufforderung. Was glaubt ihr wohl? Wie wird es sein? Wird er wohl Glauben finden unter den Menschen? Und wenn ihr euch da nicht sicher seid, dann tut etwas dafür, dann sucht diesen Glauben und gebt ihn weiter im Vertrauen darauf, dass es einen Gott gibt, der die Gerechtigkeit längst in die Welt gesetzt hat. Sorgt dafür, dass sie fließen möge – die Gerechtigkeit Gottes ... wie Wasser, wie ein nie versiegender Bach!

IX.
Neugeburt

Das Leben danach

Es ist gut, wenn Mauern fallen – Mauern, die zwischen den Menschen hochgezogen wurden, um sie voneinander zu trennen; Mauern, die wir um uns errichtet haben im fatalen Glauben, hinter ihnen unberührt zu bleiben von Weltschmerz und Enttäuschung. Mauern haben das Glück zum Erliegen gebracht. Sie können undurchdringlich werden, die Beziehungen verdinglichen und die Seelen der Menschen versteinern.

Manchmal fallen Mauern überraschend, wie die von Berlin, durch ein Zusammentreffen verrückter Zufälle. Von Jesus heißt es, er habe Mauern zwischen Menschen mit gegensätzlichen Auffassungen eingerissen. Das Unüberwindliche zum Einsturz zu bringen, scheint übermenschliche Kräfte zu fordern. In dem Rock-Musical »The Wall«[18] von Pink Floyd fallen die Mauern des Musikers Pink durch das Urteil eines menschenfeindlichen Richters. Das, was als Bestrafung gedacht war, bewirkt das Gegenteil; der Urteilsspruch »Reißt ihm die schützenden Mauern ein!« wird zum unerwarteten Befreiungsschlag. Wir scheinen auf Hilfe von außen angewiesen zu sein.

Und doch setzt die Befreiung die Sehnsucht und den Willen danach voraus. Jesus verschuf den Menschen Heilung, die sie sich sehnlichst wünschten, und denen Gerechtigkeit, die Hunger und Durst nach ihr hatten. Pink wurde befreit, weil er verschmachtete in seinem Sehnen nach Liebe und Menschen. Und die Berliner Mauer konnte fallen, weil die Sehnsucht nach Befreiung und Aufbruch im Volk verankert war.

Der Ausbruch aus der Ummauerung ist ein Bild für die Neugeburt. Was aber ist danach? Neutestamentliche Antworten auf diese Frage ergeben sich aus dem Leben Jesu und seinen Gleichnissen vom Reich Gottes. Nur einmal macht Jesus eine allerdings aufschlussreiche Andeutung hinsichtlich der »Lebensweise« jenseits unserer Welt. Er antwortet auf die Frage, welchem Mann eine Frau, die mehrmals verheiratet gewesen sei, im Jenseits anvertraut werde: »Wenn sie von den Toten auferstehen werden, so werden sie weder heiraten noch sich heiraten lassen, sondern sie sind wie die Engel im Himmel.«[19] Auch wenn es den Himmel nicht auf Erden gibt, verbirgt sich in der Neugeburt des Menschen eine »himmlische« Perspektive, und zu ihrer Aufhellung sind die transzendenten Andeutungen Jesu durchaus dienlich. Das diesseitige Leben nach der Neugeburt lässt sich somit nicht bestimmen vom Regelwerk menschlicher Richtlinien für Anstand, Moral und Lebensführung. Das neue Leben ist tendenziell gesetzlos und grundsätzlich anarchisch, frei von Herrschaft. Die Aussage Jesu in der biblischen Debatte um das Jenseits ist uns wohl auch deshalb erhalten, weil sie die berechtigte Furcht der Menschen reflektiert, ihr irdisches Liebesleben müsste nach der Auferstehung einem »himmlischen« Reglement zum Opfer fallen.

Neugeburt in unserem Leben bedeutet also, dass wir festgefügte, festgegossene Regeln des Lebens verlassen, uns von ihnen befreien können. Auf diese Weise werden wir hineingeboren in eine neue Form der Freiheit des Lebens. Dazu gehört auch, dass man Liebe findet, wie immer das geschieht. Dies kann so geschehen wie in dem erwähnten Dialog Jesu. Es kann sein, dass eine Frau nach dem Tod ihres Mannes einen anderen Mann findet oder ein Mann eine andere Frau. Immer noch ist so etwas nicht selbstverständlich; viele Menschen rümpfen die Nase, wenn jemand nach dem Tod eines Ehepartners eine neue Liebe findet. »Können die nicht richtig trauern, was ist mit denen, gehen sie nicht eigentlich fremd? Was sollen denn die im Himmel dazu sagen?« Aber was sagen denn die im »Himmel« dazu? Wenn ich Jesus richtig verstehe, wird im Himmel nicht geheiratet und werden die Leute nicht verheiratet. Und wenn uns Sünde und Schuld im Himmel genommen werden, dann auch die Sünde der Eifersucht und des Neides.

Was sagen sie also dazu? Ich denke, sie freuen sich! Sie freuen sich darüber, wenn uns Gutes geschieht in unserem Leben und wenn die Menschen zur Liebe zurückfinden und Trauer überwinden können. Zu einer Neugeburt gehört, dass wir wieder lieben können. Das muss nicht unbedingt eine Liebe sein zwischen Mann und Frau. Das kann die innere

Liebe sein. So manche Frau, die ihren Freund damals im Krieg verloren hat, sagt: »Irgendwann habe ich im Inneren meines Herzens meine Liebe wiedergefunden. Und nun kann dieser Mann mich begleiten, weil ich weiß, er ist gut bewahrt bei Gott. Gott ist ein Gott des Lebens!« Es kann sein, dass ein Mensch nach schweren Schicksalsschlägen und voller Verzweiflung durch Freundschaft zurückfindet in das Leben, durch Gemeinschaft und Gemeinde. Wie viele Frauen, etwa in der Frauenhilfe, habe ich kennen gelernt, die eine solche Neugeburt erfahren haben.

Das folgende Beispiel zeigt, dass sich die Neugeburt von Menschen zu jedem Zeitpunkt und unabhängig von unmittelbar traurigen und krankmachenden Ereignissen vollziehen kann. In meinem damaligen Beruf als Sozialarbeiter in Ostfriesland lernte ich eine junge Mutter kennen. Sie suchte mich voller Verzweiflung auf, obwohl hierfür äußerlich kein Anlass bestand, da sie mit einem fürsorglichen Ehemann lebte und durch die Erziehung ihrer Kinder ganz ausgelastet war. Sie hatte zwei eigene und zwei Pflegekinder. Ihre Verzweiflung war so groß, dass sie manchmal dachte: »Ich kann gar nicht mehr leben. Ich will raus aus dem Leben.« Immer wieder kamen ihr die Gedanken, quälende Gedanken, sich selbst das Leben zu nehmen. Und durch nichts konnte sie sich diese Bedrängung erklären. Ein halbes Jahr lang haben wir Woche für Woche zusammengesessen und gemeinsam nachgedacht über die Ursachen ihrer Probleme, ihre Geschichte, ganz besonders in Kindheit und Jugendalter. Sie ist aufgewachsen in einem typischen ostfriesischen Warfendorf, einem kleinen Ort am Wattenmeer mit ungefähr 200 Einwohnern. Der einzige Betrieb war eine nahe gelegene Ziegelei. Sie war sehr eingespannt in die Aufgaben der Familie: Als älteste Tochter musste sie den Eltern im Haushalt helfen und auf die jüngeren

Geschwister aufpassen. Zeit für sich selbst hatte sie kaum, der Tag war für sie nach dem Kindergarten und später nach der Schule exakt eingeteilt. Ihr Vater war ein strenger Mann, der großen Wert legte auf Disziplin und die Einhaltung zeitlicher Rhythmen. Für ihn war es unvorstellbar, dass eines der Kinder und ganz besonders die älteste Tochter zu spät zum Essen erschien. Irgendwann im Laufe der zahlreichen therapeutischen Gespräche erzählte sie mir von einem immer wiederkehrenden Traum: Sie sitzt zusammen mit ihrem Vater an einem alten Holztisch. Vor ihm steht ein Teller mit weißem Grießbrei. Mit der Gabel zieht er Linien in den weißen Brei, wie Linien im Schnee, von oben nach unten und dann von links nach rechts, so dass sie sich in der Mitte des Tellers kreuzen. Oft dachte ich über diesen Traum nach. Irgendwann konzentrierte ich mich auf die Mitte des Tellers, dort, wo sich die Linien kreuzen und ein Gitter bilden. Sie träumte von einem Gitter! Ihre Zeiten und ihre Räume waren vergittert. Fast nie hatte sie Zeit für sich, auch fehlte ein Raum zur eigenen Gestaltung.

Wir sind die Tage und die Stunden durchgegangen und heraus kam, dass sie lediglich zwischen 18:00 Uhr und 18:30 Uhr vor der streng einzuhaltenden Abendbrotzeit aus dem Haus durfte. Dann rannte sie hinüber in die Ziegelei und spielte mit Freundinnen und Freunden oder für sich. Diese kurze Spanne war ihre freie Zeit als Kind und als Heranwachsende, alles andere war bestimmt von Strenge und verordneten Aufgaben. So verlief ihr Leben im Dasein für andere, für die Eltern und Geschwister und schließlich für die eigenen Kinder und Pflegekinder, für den Ehemann. Irgendwann habe ich sie gefragt: »Wenn Sie mal darüber nachdenken, was ihr sehnlichster Wunsch ist, was würden Sie spontan antworten?« Sie antwortete: »Einmal möchte ich von Münster im Schlafwagen mit der Bahn durch die Nacht nach Paris fahren, dort ankommen und

dann wieder zurückfahren.« Niemand hätte ihr diesen Wunsch versagt, zuallerletzt ihr Mann. Wir haben über die Möglichkeit gesprochen, sich diesen Wunsch auch zu erfüllen. Soweit ich weiß, hat sie es nie gemacht. Aber der Gedanke, dass sie es könnte, wenn sie wollte, hat sie innerlich so befreit, dass sie tatsächlich verspürte: »Ich kann neu geboren werden, ich kann mein Herz, meine Seele wieder öffnen für die Welt, ich kann wahrnehmen, was für ein Geschenk das Leben ist.«

Sie konnte wieder die Luft atmen und sich frei fühlen, ob sie nun nach Paris fuhr oder nicht. Es ist wie in dem oben bereits angedeuteten Beispiel des Kokons: Darin ist es düster und beengt; bricht aber der Kokon auf, dann fliegt ein wunderbarer Schmetterling heraus. So stelle ich mir die Neugeburt in der Diesseitigkeit unseres Lebens vor. Neu geboren zu werden, bedeutet, herauszukommen aus dem Regelwerk des Lebens, aus den geschlossenen Räumen und den vergitterten Zeiten.

Mit der Neugeburt öffnen sich die Räume, und die Zeit unterliegt nicht mehr den disziplinierenden und reglementierenden Rhythmen. Es ist einfach mehr Raum und mehr Zeit da für die Liebe, für ein neues Erleben der Natur mit allen Sinnen, für Heilung und Trost, für Kreativität und Neuschöpfung. Wie intensiv und wie lange währt so ein Leben im Diesseits, wie gefährdet ist es angesichts eines an Geld, Leistung und Macht orientierten Umfeldes? Wie wird es den Witwen Jahre nach ihren befreienden Erlebnissen gehen? Was ist aus Frau K. geworden und was aus Simon? Im letzten Song des Albums »The Wall« heißt es leise und melancholisch: »After all it's not easy«.[20] In der Tat leben wir außerhalb von Mauern und Kokons glücklich und frei, aber nirgendwo haben wir wirklich gelernt, das Glück zu bewahren. Vermutlich wird es deshalb im Diesseits unseres Lebens immer Rückfälle geben, und die Landschaft des neuen Lebens ist nicht frei von versteckten Fallen. All das ist deshalb kein Grund zur Resignation, weil die Neugeburt des Menschen kein Einzelakt ist. Jeder Moment des Lebens kann sich als Chance entpuppen, vom »Wind und Geist« des neuen Seins wiederholt erfasst zu werden.

Neugeburt bedeutet Befreiung, bedeutet, ein ganzes Stück zu spüren: »Gott, du bist hier in Jesus Christus auf dieser Welt. Ich bin im Puls dieses Geistes, den ich schlagen spüre und durch den ich mich befreien kann von dem, was andere und ich mir selbst angetan haben an Zwängen und Verdüsterungen in diesem Leben. Ich kann spüren, dass Gott es wieder hell werden lässt.« Und so ist das letzte Wort von Jesus in dem oben erwähnten Dialog über die jenseitige Neugeburt zu begreifen: »Aber von den Toten, dass sie auferstehen, habt ihr nicht gelesen im Buch des Mose, bei dem Dornbusch, wie Gott zu ihm sagte und sprach: ›Ich bin der Gott Abrahams und der Gott Isaaks und der Gott Jakobs‹? Gott ist nicht ein Gott der Toten, sondern der Lebenden. Ihr irrt sehr.« »Ich bin«, sagt Gott dem Mose, der eine Erscheinung hat von einem brennenden, aber nicht verbrennenden Busch, Symbol der Ewigkeit im

Jetzt. Da die Väter schon alle tot sind, wäre die Formulierung »Ich war der Gott deiner Väter« treffender. Gott aber ist ein Gott des Lebens. »Bilde dir nicht ein«, so könnte er auch gesagt haben, »dass ich sie vergessen und im Dunkeln liegen gelassen habe. Ich bin der Gott der Mütter und der Väter, deiner Liebsten, und sie leben!« Gewissermaßen ist dieses Wort ein Anhalt für das Leben nach der Neugeburt im Hier und Jetzt, so dass wir den Blick nach oben richten können und wissen dürfen: »So wir leben oder sterben, so sind wir des Herrn«, und unsere Liebsten, die schon gegangen sind, bleiben durch Gottes Geist mit uns verbunden. Wenn die Liebe unumstößlich fortbesteht, weil Gott Liebe ist, dann bleibt sie auf ewig Medium des Erkennens unter liebenden Menschen. So sind wir bewahrt in dem Gott, der uns das Leben schenkte und wieder schenken wird in unseren Zeiten und unseren Räumen und in der Fülle seiner Liebe in einer Zeit und einem Raum, deren transzendente Ausgestaltung nur Gott selbst vorbehalten ist.

»After all it's not easy«

Die Quelle lebendigen Wassers

Und ich hörte eine große Stimme von dem Thron her, die sprach: Siehe da, die Hütte Gottes bei den Menschen! Und er wird bei ihnen wohnen, und sie werden sein Volk sein, und er selbst, Gott mit ihnen, wird ihr Gott sein; und Gott wird abwischen alle Tränen von ihren Augen, und der Tod wird nicht mehr sein, noch Leid noch Geschrei noch Schmerz wird mehr sein; denn das Erste ist vergangen. Und der auf dem Thron saß, sprach: Siehe, ich mache alles neu! Und er spricht: Schreibe, denn diese Worte sind wahrhaftig und gewiss! Und er sprach zu mir: Es ist geschehen. Ich bin das A und das O, der Anfang und das Ende. Ich will dem Durstigen geben von der Quelle des lebendigen Wassers umsonst. Wer überwindet, der wird es alles ererben, und ich werde sein Gott sein, und er wird mein Sohn sein.

Offenbarung des Johannes, Kapitel 21,3–7

Evangelium heißt »frohe Botschaft«. Für wen ist denn das Evangelium eine frohe Botschaft? Ich denke, die frohe Botschaft ist geschrieben für die Armen und für die Trauernden. Auch wenn wir in materieller Hinsicht nicht mehr arm sein mögen oder zumindest die meisten nicht – viele Ältere haben Armut im Krieg oder in der Nachkriegszeit erlebt –, also wenn wir nicht in materieller Hinsicht arm sind, gibt es doch sehr oft in unserem Leben eine innere, seelische Armut, die manchmal weite Abläufe des Lebens durchzieht. Selig sind die Armen – glücklich. Jesus hat ausgerufen: Selig seid ihr, die ihr weint, denn ihr werdet lachen. Warum werden sie glücklich – denn das heißt ja selig –, die jetzt weinen? Ich glaube, das hängt in ganz großem Maß damit zusammen, dass wir Menschen im Grunde Glück nur erfahren können, wenn wir auch die Schattenseiten unseres Lebens durchlaufen, Unglück und Trauer, Leid und Elend. Nur in dieser Situation, gewissermaßen im Schatten, im Dunkel des Lebens, entsteht förmlich eine Sehnsucht nach dem

Licht, so dass wir irgendwann, eben da, wo es am dunkelsten ist, sagen können: »Die Mitte der Nacht ist der Anfang des Tags.« So gelangen wir fast unmerklich aus der Dunkelheit zum Licht.

Zu dem Glück unseres Lebens, zu all den Gefühlen des Glücks und des Glücklichseins gehört ganz offensichtlich eben auch das Gefühl der Trauer und des Traurigseins. Deswegen kann Jesus sagen: Glücklich werdet ihr sein, wenn ihr jetzt weint; denn ihr werdet auch wieder lachen, vielleicht aus der Tiefe eures Herzens lachen, wie ihr es noch nie vorher gekonnt habt. Und so können die, die mit Tränen säen, mit Freuden ernten.

Uns Menschen verbindet ein gemeinsames Gefühl, wir alle wissen, was es bedeutet, einen lieben Menschen zu verlieren: das Gefühl von Trauer. Weil wir das alle kennen, stehen oder sitzen wir in solchen Momenten eng beieinander. Das führt unsere Herzen zusammen. Es gibt so etwas wie ein Mitempfinden, Mitfühlen. Und selbst die, die professionell – beruflich – damit vertraut sind, Menschen zu trösten – mancher Arzt, manche Krankenschwester, Pastoren, wer auch immer, werden dann, wenn sie irgendwie Liebe für die Menschen empfinden, zumindest innerlich mitweinen, weil sie mitfühlen können, was es bedeutet: Da ist jemand nicht mehr bei mir, die oder der mir einmal ganz nahe gestanden hat.

Als wir klein waren, haben wir vielleicht unsere Großeltern verloren, irgendwann unsere Eltern, manche einen Ehepartner, vielleicht sogar ein Kind oder Enkelkind, einen Bruder, eine Schwester, eine Freundin, einen guten Freund. Was macht unsere Herzen eigentlich traurig, wenn wir einen Menschen verlieren? Ich denke, es hängt entscheidend damit zusammen, dass der Mensch nicht ersetzbar ist. Und diejenigen, die da sagen, jeder sei ersetzbar, die denken maschinell, aber nicht menschlich. Jedes Leben ist ein besonderes Wunder Gottes. Nun ist es so, dass sich Menschen im Laufe des Lebens begegnen in ihrer jeweiligen Einzigartigkeit und sich Liebe gerade dadurch auszeichnet, dass Menschen sich anschauen und in der Begegnung ihrer Einzigartigkeiten spüren können: Das bin ich! Das bin ich mit meinen schlechten Seiten, aber auch mit meinen guten Seiten. So habe ich mich noch gar nicht gesehen, wie du mich wahrnimmst. Und irgendwann entsteht im Verlaufe der Zeit eine solche Vertrautheit, dass ich zu einem bestimmten Menschen hingehen und ihm sagen kann: »Weißt du, so sieht es in mir aus.« So entsteht Vertrautheit mit Liebe, so entsteht mit der Liebe gegenseitiges Erkennen. Und deswegen ist es übrigens kein Wunder, wenn im Alten wie im Neuen Testament die Begriffe Liebe und Erkennen sehr eng zusammengehören und gelegentlich sogar identisch verwandt werden – Liebe und Erkennen als Prozess unseres Lebens! Folglich wachsen Menschen zusammen und erhalten dennoch oder gerade dadurch ihre jeweilige Identität mit sich selbst. Wie Paulus sagt im Hohen Lied der Liebe: »Dann aber erkenne ich von Angesicht zu Angesicht. Nun aber bleiben Glaube, Hoffnung, Liebe, diese drei; aber die Liebe ist die größte unter ihnen.«

Aber was ist, wenn die Liebe zerbricht? Was ist, wenn der geliebte Mensch auf einmal aus dem Leben herausgerissen wird, besonders wenn es unerwartet geschieht? Leichter können wir vielleicht damit umgehen, wenn sich das Ende abzeichnet, wenn jemand schon wochen-, monate-, jahrelang schwer krank war und wir sagen können: »Gut, vielleicht war es auch eine Erlösung.« Aber wenn es jäh kommt? Schlagartig? Und wenn es dann ein junger Mensch ist, vielleicht noch ein Kind? Welch ein Entsetzen in uns, unter uns. Es zerreißt einem förmlich die Seele, das Herz! Was sollen wir bloß tun, wie stehe ich das durch ohne den geliebten Menschen, dem ich vertrauen konnte, zu dem ich immer hingehen konnte? Urplötzlich ist es, als wäre einem der Boden unter den Füßen weggerissen wie bei einem Erdbeben. Was kann ich tun?

Dieses Entsetzen begleitet die Trauer – Entsetzen gewiss besonders dann, wenn ein Mensch bewusst aus dem Leben scheidet, wenn ein Mensch sagt: »Ich will nicht mehr, ich beende das Leben.« Wehe, wer sich darüber stellt, der wagt zu richten. Was geht in einem Menschen vor, der nicht mehr weiter kann und sich förmlich in die Arme Jesu wirft? Ich möchte einen uns allen Vertrauten sprechen lassen, nämlich Dietrich Bonhoeffer, der in seiner Ethik niedergeschrieben hat: »Kann der Mensch sein Recht auf menschliches Leben nicht in einem menschlichen Leben durchsetzen, so kann er es doch noch durch Vernichtung seines Leibes. Kann er die Anerkennung seines Rechtes nicht von der Welt erzwingen, so kann er sie sich in letzter Einsamkeit selbst schaffen. Der Selbstmord ist der Versuch des Menschen, einem menschlich sinnlos gewordenen Leben einen letzten menschlichen Sinn zu verleihen.« Lassen wir uns solche Worte durch den Kopf gehen, die eben nicht von Hochmut getragen sind, sondern von dem Mitfühlen einer Menschlichkeit, die dem nahe kommen möchte, was an Verzweiflung da ist in einem solchen Moment, wo der Mensch entscheidet: »Ich gehe.« Und lassen wir uns Worte des Trostes durch den Kopf gehen, auch wenn wir sie dann nicht immer ausdrücken können gegenüber den betroffenen Angehörigen.

Die Liebe hat in unserem Leben Nähe erzeugt, und diese Nähe scheint nun durch den Tod vollends geraubt, zu Ende zu sein. Und das Rufen nach dem »Warum, Gott, warum hast du mich verlassen?« – es ist uns so bekannt, bekannt von dem, der Tränen und Blut vergossen hat im Garten Gethsemane, der nicht ein noch aus wusste, bitterlich geweint und später am Kreuz ja auch gerufen hat: »Warum, mein Gott, hast du mich verlassen?« Es ist nicht nur menschlich, es gehört zu unserer menschlichen Existenz, dass wir in diesen Momenten nicht weiterwissen, eben entsetzt sind angesichts des Auseinanderreißens eines in Liebe geknüpften Bandes durch den Tod.

Was sollen wir bloß tun? Kann denn Trauer enden? Endet sie überhaupt? Nein, sie kann nicht enden! Eine Trauer, die entstanden ist durch eine tiefe Liebe zu einem Menschen, der uns genommen worden ist durch den Tod, wird in diesem Leben nicht enden. Aber sie kann sich verändern. Aus dem Entsetzen, aus dem entsetzlichen Dasein, was schon kein Dasein mehr, sondern fast ein Nichtsein ist, kann nach und nach etwas Neues entstehen, nämlich Sehnsucht. Sie ist getragen von dem, was wir nicht wissen, aber doch fühlen können, von einer Liebe, die einst die Seele bereicherte und eine verborgene Quelle menschlichen Vertrauens bleiben wird. Die Sehnsucht ist schließlich die erste Vertraute wieder – die erste Vertraute in der Trauer, als hätte man darin eine Freundin gewonnen – eben die Sehnsucht! Und nach und nach ist es nicht nur eine Sehnsucht, die sich nährt aus dem Vergangenen, in zunehmendem Maße wird es auch eine Sehnsucht, die hinblicken kann in eine Zukunft und erwartungsvoll fühlen kann: Du, Gott, wirst abwischen alle unsere Tränen. Wie viele Menschen mögen das schon gesagt haben in den vielen Generationen unter den Millionen und Abermillionen von Tränen, diesem Meer der Tränen! Und doch dieses Wort: Du wirst sie abwischen. Aus dem Vergangenen heraus, aus der Tiefe der Vergangenheit kann der Blick sich langsam wieder öffnen in eine Zukunft. Du wirst abwischen alle meine Tränen, du bist doch da!

Im Leiden entstehen über die Sehnsucht winzige, zunächst fast nicht sichtbare Momente von Glück; aber in dieser Winzigkeit liegt eine Triebfeder – eine Triebfeder für einen neuen Aufbruch in das Leben. Glücklich die Menschen, die das erleben oder bei anderen miterleben, bei Einzelnen oder in Gruppen, dass es so etwas geben kann: wieder aufzubrechen in das Leben, das Leben wieder zu spüren, gewissermaßen aus der Tiefe der Trauer zu empfinden, dass aus dem Winzigen wieder Großes wird – neu verstandenes Großes! »Früher habe ich das gar nicht so gesehen«, sagen wir dann, »aber jetzt, nachdem ich das alles durchlebt habe: Nichts kann mehr schlimmer kommen: Jetzt weiß ich eines: Du bist bei mir im Leben und im Sterben. Und wo unser vermeintliches Ende ist, Gott, da ist dein Anfang, dein Neubeginn, da fängt alles wieder neu an. Du bist das A und das O!« Und bei O, dem Omega, dem letzten Buchstaben im griechischen Alphabet, beginnt eine neue Tiefe, in der Hohes sich entwickeln will und hinaustreibt in eine ganz neue Zeit, in einen ganz neuen Raum, in Dimensionen, die für uns noch unbegreifbar sind, aber doch spürbar im Hier und Jetzt durch die Liebe, die Gott schenkt, in jedem einzelnen Menschen, in jedem Trost, in jeder Zärtlichkeit, in jedem Moment des Zuhörens, der Nähe: Du bist da und ich für dich, und ich weiß, wie es dir geht, was es heißt, wenn der Liebste geht, der Mensch, der mir so viel bedeutet.

Lasst uns getragen sein von dieser Kraft, von einer Kraft des Heiligen Geistes Gottes, der hier auf unserer Erde unter uns spürbar ist, wo wir fühlen können die Momente der Endlichkeit, die immer schon Momente von Gottes Ewigkeit in sich bergen. Und das, was wir an Glückseligkeit, und wenn es eben nur Augenblicke sind, in unserem Leben empfangen, gespürt haben, trägt einer für uns, erhält es uns – der, der gesagt hat: Glücklich seid ihr, wenn ihr jetzt weint, ihr werdet lachen, es wird gut, ihr werden getröstet werden. Ich gebe euch das Wasser, euch, die ihr durstig seid – das Wasser von der ewigen Quelle, einfach so – einfach so. Ihr braucht nichts dafür zu geben, aber ihr müsst eure Herzen dafür öffnen, dann geschieht es. Lassen wir es geschehen, dass es über uns komme – dieses heilige Wasser des Trostes, einer Seligkeit, die immer auch gründet auf Trauer und in der Trauer. Sie ist eben auch unser Leben – genau wie das Glück!

ANHANG

Tagebuch einer Reise

Auf den folgenden Seiten ist das Tagebuch einer Reise ins spanische Katalonien abgedruckt, auf das im achten Kapitel des Buches mehrmals Bezug genommen wird. Die Freizeit wurde von einer Gruppe von Witwen und Witwern meiner Kirchengemeinde veranstaltet. Während ein Teil der Freizeitgruppe mit dem Pkw durch Frankreich nach Spanien reiste, nahm der andere das Flugzeug nach Girona und wurde später mit dem Pkw zum Ferienort gebracht. Der Bericht beginnt am Tag nach der Zwischenübernachtung der ersten Gruppe in der französischen Winzerstadt Macon, das 70 Kilometer nördlich von Lyon liegt.

Die erste Woche im September – Mittwoch

Nach einer Übernachtung in der Winzerstadt Macon gerieten wir in Südfrankreich in einen Autobahnstau. Die ganze Fahrt durch Frankreich war bis dahin einwandfrei verlaufen; wir waren gut gelaunt, und ausgerechnet kurz vor der spanischen Grenze hatte ich den Verkehrsfunk abgestellt, um eine Musik-CD zu hören. Es gab Streik in Frankreich. Lastwagenfahrer hatten viele Tankstellen blockiert und nun auch noch die Grenze. Nach einigem Hin und Her ging auf der Autobahn überhaupt nichts mehr. Alles stand; es war Nachmittag, und wir mussten uns wohl darauf einrichten, Stunden um Stunden, vielleicht sogar die ganze Nacht dort auf der Autobahn zu verbringen. Wir standen in der Nähe eines Seitentors, das natürlich verschlossen war, da man für die Fahrt auf den Autobahnen in Frankreich bezahlen muss. Einige Franzosen hatten schon versucht, das Tor aufzubekommen, aber ergebnislos. Mein Vorschlag, die Polizei anzurufen, damit es geöffnet werde, wurde nur belächelt: »Was macht schon die Polizei!« Da kamen wir auf die Idee, eine Leitplanke herauszuschrauben. Ich sah, dass es sich um 48er, vielleicht 52er Muttern handeln musste. Wir sprachen mit einem Lkw-Fahrer, und der brachte gleich seinen ganzen Werkzeugkasten mit. 16 Schrauben waren es, die wir zu lösen hatten, und mit 12, 13 Männern brachten wir die Leitplanke zur Seite. Gleichzeitig schnitten zwei andere mit Seitenschneidern den Umzäunungsdraht durch, so dass wir über den Weg eines Weinfeldes auf eine kleine Straße gelangen konnten, die unter der Autobahn durchführte. Auf dieser Straße sind wir dann über viele kleine andere Straßen zur Küstenstraße gefahren, um von dort über die Serpentinen nach Spanien zu gelangen – immerhin war auch die Nationalstraße von den Lkw-Fahrern gesperrt. Gegen 20.00 Uhr am Abend kamen wir schließlich in dem kleinen Dorf Vilamaniscle an, wo sich das Bauernhaus, unsere Ferienunterbringung, befindet.

Während der Fahrt und auch noch am Abend haben wir viel gelacht über das, was wir erlebt hatten, besonders über den gemeinsamen Ausdruck, der von den Franzosen geprägt wurde: »Libération collective«.

Donnerstag

Vilamaniscle liegt inmitten von Weinbergen. Eine kleine Straße schlängelt sich zum Dorf hinauf, das man irgendwann vor sich am Hang der Pyrenäen liegen sieht – so als hätte Gott selbst es »dahingespuckt«. Die Straße endet im Dorf. Es gibt kaum Touristen. Die gut 100 Einwohner sind Weinbauern oder Handwerker. Manche arbeiten in der nahe gelegenen Stadt Figueres, die durch das Dalí-Museum bekannt geworden ist. In der Ferne ist die Stadt zu sehen. Ihre Häuser wirken wie in die Landschaft gestellte Bauklötze. Im Südosten erblickt man einen Schimmer des Mittelmeeres, und in nördlicher Richtung geht es durch ein langes Tal, das bereits Hannibal mit seinen Elefanten durchquert haben soll, hoch in die Pyrenäen nach Frankreich: ein alter Schmugglerweg – Fluchtweg der Verfolgten von Bürgerkrieg und Franco-Diktatur!

Von Vilamaniscle aus ließ ich mich gemütlich mit dem Auto den Berg hinunterrollen und fuhr weiter in Richtung Girona. Um 9.50 Uhr sollte ich die Frauen vom Flughafen abholen. Natürlich hatte das Flugzeug mal wieder eine halbe Stunde Verspätung. Aber schlimm war das auch nicht. Hauptsache, dass die Frauen gut ankamen. Wir fuhren mit dem Auto nach Vilamaniscle zurück. Da sie sehr müde waren, ruhten sie sich den Nachmittag über aus. Nachdem sich alle ein wenig eingelebt hatten, fuhren wir abends in die »Bar Colon«, ein Straßencafé im Nachbardorf, wo ich einen Tisch für uns bestellt hatte. Der Besitzer des Cafés, selbst Weinbauer, heißt Simon. In geselliger Runde ließen wir uns den katalanischen Salat, die Lammkoteletts und den Rotwein des Dorfes gut schmecken.

Abends aßen wir zusammen im Wohnzimmer in Vilamaniscle und sangen Lieder. Mit einer Andacht klang der Abend aus, und alle gingen schlafen. Ein anstrengender Tag war zu Ende.

Freitag

Nachdem wir uns alle vom Vortag erholt hatten, frühstückten wir zum ersten Mal gemeinsam. Wieder war schönes Wetter – nicht zu heiß für einen gemeinsamen Spaziergang. Wir sind ein wenig in der Hügellandschaft der Pyrenäen gewandert, wo sich unweit des Dorfes ein Abenteuer-Zeltplatz für Kinder und Jugendliche befindet, setzten uns dort in den Schatten der Pinien und genossen die wunderschöne Landschaft.

Nach dem Mittagessen fuhren wir dann in zwei Touren nach Roses, wo einige Frauen einkaufen, sich die kleinen schattigen Gassen ansehen oder sogar – zumindest mit den Füßen – im Mittelmeer baden wollten. Allen gefiel das sehr.

Dies war der Tag, an dem eine der Frauen normalerweise ihre goldene Hochzeit gehabt hätte. Da der Ehemann nun aber nicht mehr lebte, betrachtete sie diesen Tag als Gedenktag. Sie sagte: »Ich weiß, dass mein Mann dort, wo er ist, gut aufgehoben ist.« Dann lud sie uns alle zu einem sehr schönen Abendessen im Restaurant des Dorfes ein. Mit einer Andacht im Hause endete der erste eigentliche Ferientag in Spanien.

Samstag

Am Samstag hatten wir nach dem Frühstück einen ruhigen Vormittag. Nachmittags waren wir dann alle wieder nach Roses gefahren. Bereits am Vortag fiel mir auf, wie gut der Sonnenhut, den ich Frau B. geliehen hatte, ihr stand. Ich dachte mir schon, dass sich einige Frauen Sonnenhüte kaufen würden. Und tatsächlich sah ich manche von ihnen später beim Eisessen mit neuen Hüten.

Auf der Rückfahrt ging ich in Garriguella – einem Nachbarort – beim katholischen Pfarrer vorbei, um mit ihm den Gottesdienst am folgenden Sonntag zu besprechen. Er freute sich sehr darüber, dass unsere Gruppe teilnehmen und darüber hinaus der Gemeinde ein oder zwei Lieder vorsingen wollte.

Abends kochten zwei Frauen einen französischen Gemüseeintopf, der – obwohl ein ungewohntes Essen für deutsche Menschen – ganz prima ankam.

Danach übten wir für den kommenden Gottesdienst. Am Anfang hatten wir einige Schwierigkeiten mit den Texten, aber dann lief doch alles sehr gut. Mit dem Singen und einer Andacht endete wieder ein schöner Tag.

Sonntag

Am Sonntag war dann unser großer Tag. Wir fuhren nach Garriguella, das drei Kilometer unterhalb von Vilamaniscle liegt. Es ist auch ein Winzerdorf, nur größer, mit 1800 Einwohnern und hat in der Mitte eine große katholische Kirche, die im romanischen Stil aus dem Schiefergranit der Landschaft gebaut wurde. Wie verabredet, trafen wir uns kurz vor 12.00 Uhr in der Kirche. Der Pfarrer hat mit mir die Liturgie besprochen und den Zeitpunkt abgestimmt, wann unsere Gruppe ihre Lieder singen sollte. Er stellte uns – natürlich in katalanischer Sprache – der Gemeinde vor, erklärte, woher wir kamen, welche Konfession wir hatten und was für eine Art Gruppe wir waren. Während der Predigt – für einen Moment stellte er von Katalan auf Spanisch um, wohl damit ich ihn verstand – betonte er die positive Rolle der evangelischen Kirche in der Geschichte. Wörtlich sagte er: »Die evangelische Kirche hat uns eine Lektion erteilt, indem sie das Wort der Bibel eindeutig in den Mittelpunkt gestellt hat.« Er beteuerte die Wichtigkeit der Verbreitung des Evangeliums in der jeweiligen Landessprache und in den Dialekten. Einen Tag vor dem katalanischen Nationalfeiertag war das eine Äußerung, die die Menschen sehr gerne hörten. In einem Moment des Gottesdienstes gaben sich die Menschen die Hände und viele umarmten sich. So kam auch der Pfarrer zu mir, und unsere Frauen stellten den Kontakt mit den spanischen Menschen und umgekehrt her. Es entwickelte sich eine Situation von Nähe und Vertrauen. Allen hatte dieser Gottesdienst gut getan – man merkte förmlich, wie wir als Deutsche in die spanische Gemeinde aufgenommen wurden.

Am Nachmittag waren wir noch einmal am Strand und trafen uns zum Abendessen alle wieder in Vilamaniscle. Der Abend endete mit einer Andacht.

In der Nacht wollte ich die Ereignisse dieses Tages mit einem Diktat in meinen Computer dokumentieren. Doch genau in diesem Moment ging er mir kaputt. In der Nacht versuchte ich noch lange, ihn zu reparieren, aber es gelang mir nicht. Schließlich ging auch ich schlafen.

Montag

Am Montag war Nationalfeiertag. Doch für mich gab es nicht viel zu feiern; denn ich ahnte schon, dass mit dem Schaden am Computer sämtliche Daten zerstört worden waren – nicht nur unser Tagebuch, sondern darüber hinaus auch all das, was ich in mancher Nacht für mein neues Buch diktiert hatte. Ich überlegte, was ich tun und wen ich um Rat fragen könnte. Ich ging dann zu Bertran, der eine größere Kunstbuchdruckerei besitzt. Er sagte mir, er habe ein Team von mehreren Computerfachleuten und bot mir für den nächsten Tag seine Hilfe an.

Zufällig traf ich nachmittags in der Genossenschaft einen Winzer, der gleich drei Informatiker kannte und diese anrief. Einer von ihnen lud mich sofort in sein Haus – ein etwas entlegenes Bauernhaus – ein. Mehrere Stunden hatte er zunächst mit mir und dann alleine versucht, den Computer zu reparieren, aber es gelang ihm nicht. Er schlug mir eine Fachfirma in Figueres vor. Abends ging ich noch einmal zu Bertran, der in seinem Hof mit einigen seiner Kollegen saß. Einer von ihnen machte mir das Angebot, doch direkt mit dem tragbaren Computer vorbeizukommen, aber auch er fand den Fehler nicht.

Um die Daten, so weit ich sie kopiert hatte, zu sichern, ging ich zum Bürgermeister, um ihn zu bitten, am Computer im Bürgermeisteramt arbeiten zu können. Er selber war zwar nicht da, aber die Ehefrau eines anderen Gemeinderatsmitglieds gab mir wie selbstverständlich den Schlüssel für das Amt und schlug mir vor, beliebig lange dort zu arbeiten. Bei allem Ärger waren solche Erfahrungen dann auch wieder sehr erfreulich.

Gefreut hatte ich mich auch darüber, dass die Frauen bei mir im Haus so viel Verständnis für die Situation aufbrachten und selber vorschlugen, an diesem Tag im Haus zu bleiben, um dort Handarbeiten oder anderes zu machen. Einige gingen spazieren. Immerhin reichte es noch für eine Andacht am Abend. Man muss sehr dankbar sein für so viel Verständnis und Hilfsbereitschaft in solch einer Situation.

Dienstag

Am Dienstag Vormittag nach dem Frühstück war dann eine Gruppe der Frauen mit mir gemeinsam nach Figueres gefahren. Wie mir der Informatiker empfohlen hatte, sollte ich die Firma Data-System in der Stadt aufsuchen. Die Frauen hatte ich in der Stadt rausgelassen, weil sie gerne spazieren gehen wollten. Die Computer-Firma war schnell gefunden, nur musste ich zu meiner Enttäuschung feststellen, dass man dort das Gerät auch nicht reparieren konnte.

Die Sache fand damit ihr Ende. Vielleicht war das auch ganz gut so, denn ich kam auf die Idee, eine katalanische Bibel zu kaufen und einen guten Wasserkessel für unser Haus. Diesen Kessel schenkten mir die Frauen anschließend sogar.

Nachmittags fuhren wir wieder nach Roses, die Frauen kauften dort Kleinigkeiten ein, liefen barfuß am Meer entlang oder vergnügten sich beim Eisessen. Abends gab es dann eine ganz köstliche Nudelpfanne, die mit einfachen Mitteln hervorragend hergestellt worden war. Wir haben jeden Tag in vorher geplanten kleinen Gruppen gekocht und den Haushalt gemacht.

Am Abend übten wir neue Lieder ein, hörten eine Andacht, klönten noch ein wenig und gingen danach früher als gewohnt zu Bett.

Der zweite Mittwoch

Der Mittwoch war ein ganz ruhiger Tag. Einige Frauen putzten im Haus gründlich die Schränke und einiges mehr. Den Wasserschlauch an der Dusche versah ich endlich mit einer neuen Dichtung, so dass eine der Frauen und ich den Hof säubern konnten. Die Zeit verging sehr schnell, und wir nahmen wieder unser übliches Mittagessen mit Tomatensalat, Melone, Joghurt und Quark ein.

Nachmittags unternahmen wir eine sehr schöne Tour nach Roses. Die Frauen hatten sich in unterschiedlichen Gruppen in der Stadt umgesehen. Ich fuhr einige Buchten weiter, fand eine kleine Steinbucht auf einer Halbinsel, wo ich mich abseits vom Tourismus erholen konnte.

Nach dem Abendessen sangen wir Lieder, lasen Bibeltexte und hörten eine Andacht. In der Nacht hatte ich mich im Bürgermeisteramt bemüht, weitere Seiten des verloren gegangenen Tagebuchs am Computer zu rekonstruieren. So einigermaßen gelang das wohl auch.

Der zweite Donnerstag

Heute am Donnerstag verging die Zeit wie im Fluge. Kurz vor 9.00 Uhr fuhr ich nach Garriguella, um Brot zu kaufen, weil der Lebensmittelhändler von Vilamaniscle mitten in der Weinernte war. Nach einem schönen Frühstück ruhten wir uns aus. Einige beschäftigten sich mit Handarbeiten, andere gingen spazieren.

Mittags fuhren wir in einen Nachbarort, der mittelalterlich anmutet. Dort besichtigten wir in zwei Gruppen den herrlichen Ort und nahmen anschließend ein hervorragendes Schinkenbrot mit Sekt zu uns.

Nach einer längeren Mittagspause beschlossen wir, dass eine Gruppe der Frauen mit mir zu einem Strand in einem kleinen Fischerort fahren sollte. Die andere zog es vor, an diesem heißen Tag im kühlen Haus zu bleiben. In dem Fischerort hatten wir viel Spaß. Am Meer aßen wir zusammen, einige Frauen hatten gebadet, und wir drehten endlich einen längeren Videofilm. Wir kauften dort auch ein für den Abend, an dem wir auf der Terrasse des Hauses grillen wollten.

Es wurde wirklich ein gelungener Abend: Wir bereiteten die Sardinen, die wir am Hafen frisch gekauft hatten, auf dem Holzkohlegrill zu; zwei Frauen stellten sehr gute Salate her, und anschließend unterhielten wir uns so angeregt, dass es für eine Andacht schon zu spät war. Mit einem Gebet wurde der Tag abgeschlossen.

Der zweite Freitag

Heute, am Freitag, musste ich zunächst einmal wieder runter ins Dorf fahren, um Brot zu holen. Nach dem Frühstück machten wir uns einen ruhigen Vormittag – die Frauen mit ihrer Handarbeit, einige gingen ins Dorf oder aufs Land, und ich begab mich ins Bürgermeisteramt, um endlich das Tagebuch auf den aktuellen Stand zu bringen. An diesem Vormittag konnte ich auch einige Predigten überarbeiten und ausgedruckt mit nach Hause nehmen.

Nach dem Mittagessen und der darauf folgenden Pause fuhren wir in zwei Gruppen zu dem kleinen Fischerort, um dort eine Weile am Strand zu verbringen, ins Dorf zu gehen und einzukaufen. Das Wichtigste aber war, gegen Abend dabei zu sein, wie die Fischer alle vom Fang zurückkamen. Es war ein beeindruckendes Erlebnis, wie die Fische von den Booten abgeladen und auf der anschließenden Fischversteigerung unter die Händler gebracht wurden. Natürlich hatten wir für den Abend frische Makrelen und Sardinen gekauft, um sie auf unserer Terrasse zu grillen und dann zu essen. Für manche war es vielleicht ungewohnt, aber ich glaube, es hat allen gut geschmeckt – wohl auch deswegen, weil die Makrelen mit Thymian und Rosmarin, von uns zuvor in der Natur gesammelt, gewürzt waren. Es war mal wieder ein gemütlicher Abend im Freien: Wir sangen ein wenig, hielten eine Andacht, und später wurde noch ein bisschen miteinander gesprochen. Einige Frauen wollten mit mir noch ins Dorf fahren, um zu Hause anzurufen; besonders wegen einer Familie in Deutschland sorgten wir uns auf Grund eines schweren Krankheitsfalles. Der Abend klang dann aber mit viel Ruhe und Gemütlichkeit aus.

Der zweite Samstag

Ich musste mal wieder schnell ins Dorf runterfahren, um Brot zu holen; danach frühstückten wir gemeinsam ausgiebig. Nach dem Frühstück wurde die Küche gesäubert; irgendwann musste in einem Schrank Milch ausgelaufen sein; denn nachdem wir die Schubladen herausgenommen hatten, merkten wir, dass es fürchterlich stank. Schränke und Anrichte wurden gründlich ausgewaschen. Glücklicherweise verblieb uns noch so viel Zeit, um in der Stadt einkaufen zu können.

Nachmittags fuhren wir in zwei Touren nach Roses. Die Frauen berichteten freudestrahlend, dass sie mit den Füßen und Beinen im Meer gebadet hatten. Da alle Frauen ihre

Strohhüte trugen, machte ich heute zum ersten Mal mehrere Erinnerungsfotos von ihnen.

Später brachten zwei Frauen eine appetitliche Kartoffel- und Speckpfanne auf den Tisch, und wir konnten damit ein leckeres Abendessen auf der Terrasse genießen. Im Haus sangen wir anschließend gemeinsam und hörten eine Andacht über das Gleichnis Jesu vom Feigenbaum. Da wir vor dem Abendbrot wild wachsende Feigen gepflückt hatten, verzehrten wir diese im Verlaufe der Andacht. Für die meisten Frauen war es das erste Mal, dass sie frische Feigen zu essen bekamen; sie alle mochten sie gerne. Der Abend verlief sehr harmonisch. Wir hatten ihn auch genutzt, um für den Gottesdienst am darauf folgenden Sonntag die Lieder einzuüben.

Der zweite Sonntag

Heute war Sonntag. Frau A. hatte Geburtstag, und so bereiteten wir ein besonders schönes Frühstück zu. Der Tisch wurde mit Blumen dekoriert. Wir sangen und überreichten Frau A. ein Geschenk, worüber sie sich sehr freute. Aber dann mussten wir uns auch schon auf den Kirchgang konzentrieren. Wenig später fand der Gottesdienst statt, in dem wir singen sollten und ich die Andacht halten musste.

Kurz vor 12.00 Uhr waren wir alle in der Kirche. Von Katalanen, die schon dort waren, wurden wir herzlich begrüßt. Mit dem katholischen Pfarrer sprach ich kurz vorher noch den katalanischen Bibeltext durch; denn ich hatte ja eine katalanische Bibel gekauft, um endlich einmal die Schriftlesung in Katalan zu halten. Die Predigt war natürlich in Spanisch; teilweise übersetzte ich sie ins Deutsche. Wir fühlten uns alle sehr wohl in diesem Gottesdienst. Wieder gab es das Händereichen und die Umarmungen, wieder die herzliche Nähe zwischen den Menschen aus Garriguella und uns Deutschen! Schon vor dem Gottesdienst kamen einige katalanische Witwen aus dem Ort auf den Gedanken, auch einmal nach Deutschland zu fahren. Natürlich luden wir sie herzlich ein. Wir hoffen, dass sie nächstes Jahr zu uns kommen; sie werden dann selbstverständlich jeweils zu zweit in unseren Familien wohnen können. Am Schluss wurden wir sehr herzlich verabschiedet und eindringlich darum gebeten, doch nächstes Jahr wiederzukommen.

Nachmittags fuhr eine Gruppe in den schon bekannten Fischerort. Wir gingen dort spazieren, ich tauchte noch; zum Abschluss gab es ein großes Eisessen.

Aus Anlass des Geburtstages von Frau A. lud sie uns zum Essen bei Simon ein. Wir verbrachten dort einen sehr lustigen Abend und sangen auch hier einige Lieder, bevor wir uns dann ganz herzlich von Simon verabschiedeten.

Zu Hause angekommen, las uns Frau A. einen geschichtlichen Aufriss ihres Lebens vor, den ihr Sohn für sie verfasst hatte. Wir stimmten noch ein Lied an, und mit einem Gebet endete der schöne Abend.

Der zweite Montag

Nachdem ich heute Morgen aus dem Nachbardorf Brot geholt hatte, frühstückten wir gemütlich miteinander. Den ganzen Vormittag handarbeiteten die Frauen, und ich arbeitete im Gemeindeamt an meinem Buch; ich glaube, wir alle schafften viel an diesem Morgen. Dann folgte das Mittagessen und eine lange Siesta.

Da eine Gruppe gerne zu Hause bleiben wollte, genügte eine Fahrt nach Roses. Einige Frauen kauften dort Handtaschen und andere Lederwaren ein. Ich selbst fuhr wieder einige Buchten weiter und fand dort eine ganz einsame Halbinsel, um zu tauchen.

Als wir nach Vilamaniscle zurückkehrten, gab es eine Überraschung: Eine Kollegin und ein Kollege von mir aus Schüttorf waren zu Besuch gekommen. Schon seit dem frühen Nachmittag hielten sie sich im Hause auf, von den Frauen liebevoll mit Tee und Brot versorgt. Ich zeigte den beiden dann das Haus und empfahl ihnen Zeltplätze in unmittelbarer Nähe des Meeres.

Nach dem Abendessen – es gab einen hervorragenden Nudelsalat – fuhren einige Frauen mit mir zum Nachbardorf, um zu telefonieren. Ich sprach drei Mal mit meinem Sohn, der sich darüber freute, sein Handy wiedergefunden zu haben, nachdem er es auf dem Jahrmarkt verloren hatte.

Auch an diesem Abend gab es eine Andacht – es ging um die Geschichte der »verkrümmten Frau«. Wir dachten ein bisschen darüber nach, sangen Lieder und beteten. Danach verabschiedeten sich die Ersten zur Nachtruhe. Wieder war ein wunderschöner Tag zu Ende gegangen.

Der zweite Dienstag

Heute war ich wieder dran mit Brotholen. Das Frühstück verlief – wie immer – fröhlich, und da ich auch Küchendienst hatte, musste ich mich beeilen; denn ich wollte vormittags noch ins Amt, um einige Arbeiten zu erledigen, die ich in der Nacht vorbereitet hatte. Die Frauen machten sich einen gemütlichen Vormittag. Aber dann stand auch schon die Vorbereitung des Mittagessens an. Wir hatten den biblischen Losungstext gelesen, ihn ausgelegt, um dann mit einem Gebet unser Essen zu beginnen. Es war eine gemütliche und freundliche Mittagsrunde. Zwei Frauen äußerten den Wunsch, öfter als bisher im Mittelmeer baden zu gehen.

In der Mittagspause – ich war gerade eingeschlafen – kamen zwei ganz liebe Bekannte: Es handelte sich um ein Ehepaar aus Dortmund, das ich nun schon fast 20 Jahre kenne. Wir unterhielten uns alle sehr angeregt miteinander. Danach fuhren wir mit den Frauen, die gerne noch mal baden wollten, nach Roses an die Bucht, in der ich normalerweise auch baden oder tauchen gehe. Das Wasser ist dort sehr klar und sauber; man kann sogar die Fische im Wasser mit bloßem Auge schwimmen sehen. Danach aßen wir wieder Eis in einem Strand-Café.

In Garriguella kauften wir ein; später am Abend wollten wir in aller Ruhe und Gemütlichkeit in Vilamaniscle grillen. Aber dann geschah etwas ganz Unerwartetes: Plötzlich kam ein wahnsinniger Sturm auf, eine Art Wirbelsturm, den ich in der Form in dieser Gegend noch nie erlebt hatte. Von einem Moment zum anderen gab es einen Sturzregen; der Sturm fegte die Blumenvasen von der Terrasse, beim Nachbarhaus krachte eine Keramikdachrinne zu Boden. Zum Glück hatte das Szenario bald ein Ende; denn so schnell wie der Sturm gekommen war, so schnell wurde das Wetter wieder schön. Wir säuberten die Straße von Scherben und Holzresten. Wenig später schon konnten wir uns unten im Hof dem Grillen zuwenden. In dem unten im Haus zusätzlich provisorisch eingerichteten Wohnzimmer – früher war dort ein Ziegenstall gewesen – nahmen wir an einem großen, alten, runden Tisch unser wohlverdientes, köstliches Abendessen ein.

Oben im Haus klang der Tag mit Liedern und einer Andacht aus.

Der letzte Mittwoch

Nach dem schweren Unwetter von gestern begann der Tag heute sehr vielversprechend. Ich hatte aus dem Nachbardorf Brot geholt. Wir frühstückten dann in munterem Kreise. Am Vormittag installierten wir in der Küche alles das wieder, was wir zuvor herausgenommen hatten, um die Küche zu reinigen.

Nach dem Mittagessen und einer längeren Mittagspause fuhr eine Gruppe von Frauen mit mir in den Fischerort. Hier herrschte immer noch Sturm, und das Meer war wild in Bewegung; trotzdem badete ich – es war sehr aufregend! Wir fuhren dann schnell zurück nach Hause, weil wir befürchteten, es könnte ein weiteres Unwetter heraufziehen. Aber dem war nicht so. Im Gegenteil: Das Wetter ließ es zu, einen längeren Videofilm zu drehen, und ich konnte noch verschiedene Fotos machen, um das einmalig schöne Abendlicht einzufangen.

In der Kapelle von Vilamaniscle – eine Frau unseres Dorfes gab uns den Schlüssel – feierten wir zusammen das Abendmahl.

Unsere Freude auf ein abschließendes Abschiedsessen im Restaurant – es war ja unser letzter Abend in großer Runde – bekam einen kleinen Dämpfer: Unten im Dorf hatte keine Gaststätte geöffnet. Wir begegneten dann aber zufällig einem Koch, der uns sagte, er würde in einem anderen Dorf, das sechs Kilometer entfernt läge, kochen. Dort fuhren wir hin. In einer ganz alten Dorfschenke nahmen wir dann ein sehr schmackhaftes Essen zu uns.

Auf der Rückfahrt passierte mir leider ein Missgeschick: Beim Öffnen des Schiebedaches schaute ich nach oben und kam so einen kleinen Moment von der Straße ab. Dabei ging ein Reifen drauf; auch ein Kotflügel wurde beschädigt. Noch in dieser Nacht wechselte ich den Reifen. Der Versuch, anschließend eine Tankstelle zu finden, um die Luft zu überprüfen, schlug fehl, keine hatte mehr geöffnet.

Wir hofften das morgen alles erledigen zu können, denn das war unser letzter Tag.

Der letzte Donnerstag

Heute war ein schwerer Tag. Zunächst fuhren wir in einen größeren Ort, um die Sache mit dem Auto zu klären. Dort sagte mir der Automonteur, dass die Achse des Autos um drei Zentimeter verschoben wäre und es eine komplizierte Reparatur werden würde.

Nach dem Frühstück wollte ich die Frauen nach Girona bringen, damit sie ihren Heimflug nach Deutschland antreten konnten. Doch dann war wieder ein Streik. Diesmal waren es die spanischen Bauern. Sie blockierten alle Strecken. Ich bin mehrere Kilometer in Richtung Barcelona gefahren, um dann auf kleinen, kurvenreichen Nebenstraßen zum Flugplatz zu gelangen. Doch kurz davor standen wieder die Bauern mit ihren Traktoren und versperrten alles. Ich redete mit ihnen, diskutierte, versuchte, ihnen zu erklären, dass wir den Flughafen erreichen müssten, weil einige der Frauen alt wären. Irgendwie hatte dann auch jemand ein Einsehen und fuhr seinen Traktor etwas zurück, um uns passieren zu lassen.

Auf der Rückfahrt vom Flughafen wollten sie mich natürlich nicht durchfahren lassen. Ich erklärte ihnen, dass auch noch andere Frauen, die alt und gebrechlich wären, zum Flugplatz müssten. Das wollten sie nicht verstehen, und sie hielten mich fest. Nach mehreren Versuchen gelang es mir letztendlich, sie zu überzeugen, und ich konnte fahren.

So kam ich dann doch noch glücklich zurück nach Vilamaniscle. Wir Verbliebenen grillten anschließend, nachdem ich vorher eingekauft hatte. In nun kleinem Kreise verzehrten wir unsere letzte Abendmahlzeit. Nach einer Andacht endete dieser Abend wie gewohnt. Ein aufregender und doch erfüllter Tag!

Anmerkungen:

1 Den Begriff »Glücksformel« verwendet Stefan Klein in seinem Buch, das ebenfalls Einblick in die wissenschaftliche Erforschung der Glücksgefühle des Menschen gewährt. Stefan Klein: *Die Glücksformel – oder Wie die guten Gefühle entstehen*. Reinbek, 2002.

2 Das Evangelium nach Johannes 15,14 f.

3 Mit »Seele« ist hier das individuelle Selbst gemeint. Es handelt sich um die Qualität des Organismus, seine Ich-Identität auf jeweils einmalige und unverwechselbare Weise ausbilden zu können. Die partiell vererbten und beim Menschen zum größten Teil im Lauf seiner Entwicklung erworbenen Fähigkeiten in den Bereichen des Fühlens, Denkens und Verstehens gehören zur ganzheitlichen Gestalt seiner Seele. Das Selbst ist als psychisches Zentrum weder genetisch noch milieubedingt identifizierbar. »Diese Schlussfolgerung ist von unschätzbarer theologischer Bedeutung. Sie bestärkt uns nachdrücklich in unserem Glauben an die menschliche Seele und an ihren wunderbaren Ursprung in einer göttlichen Schöpfung. Damit wird nicht nur der transzendente Gott anerkannt, der Schöpfer des Kosmos, der Gott, an den Einstein glaubte, sondern auch der liebende Gott, dem wir unser Dasein verdanken.« John C. Eccles: *Die Erschaffung des Selbst oder der Seele*. In: Heidi Bohnet-von der Thüsen (Hg.): *Denkanstöße '92 – Ein Lesebuch aus Philosophie, Natur- und Humanwissenschaften*. München, Zürich, 1991, S. 86.

4 Der Prediger Salomo (Kohelet) 12,6

[5] Paul Ricoeur: *Die lebendige Metapher*. München, 1990 und *Zeit und Erzählung. Band III: Die erzählte Zeit*. München, 1991.

[6] Mit »unter« wird hier das Wort *entos* des griechischen Urtextes des Neuen Testaments übersetzt, das aber ebenso die Bedeutung von »in« hat. Somit ist das Gottesreich in dieser doppelten Bedeutung in und unter den Menschen, innerer Anteil und äußeres Geschehen.

[7] Karl W. ter Horst (Hg.): *Gildehauser Jungengeschichten*. Bad Bentheim, 1995, daraus zitiert zwei Geschichten von Simon:
Die Geistergeschichte
Es war einmal ein kleiner Junge, der hatte um 12 Uhr Mitternacht einen Alptraum. Er träumte, dass er nachts aufwachte und einen halb sichtbaren Geist sah. Da wachte der Junge auf und dachte, es wäre nur ein Traum. Aber irgendwie kam es ihm vor, als wäre es Wirklichkeit. Morgens erzählte er seinen Eltern den Traum. In der nächsten Nacht um 12 Uhr kam ein halb sichtbarer Geist in sein Zimmer und sprach einen Fluch aus, dass er immer nur Alpträume haben soll. Am Morgen sagte er seinen Eltern, dass er etwas Seltsames in der Nacht bemerkt hätte. In der folgenden Nacht träumte er, dass er so lange Gruselträume hat, bis ein Engel den bösen Geist tötet. Und nach zehn Jahren passierte es. Nachdem er keine Alpträume mehr bekam, hatte er wieder schöne Träume und sah einen Engel schweben.
Die Gespenstergeschichte
Es war einmal ein kleines Gespenst, das sich vor allen anderen Geistern fürchtete. Zur Faschingszeit ging das kleine Gespenst zum Karneval. Es hatte so ein gruseliges Kostüm an, dass sich alle anderen Gespenster vor ihm fürchteten. Außer einem Gespenst, vor dem sich das kleine Gespenst noch fürchtete. Es rannte schnell zu seiner Höhle. Am ande-

ren Tag ging es erneut zum Karneval und zog sich ein noch gruseligeres Kostüm an. Als das andere Gespenst das kleine wiedersah, machte sich das große Gespenst vor Angst in die Hose. Das kleine ging nun fröhlich zurück in seine Höhle. Das große Gespenst folgte ihm vorsichtig und sah sich vorsichtig um und fragte: »Wie heißt du?« Das kleine sagte: »Ich habe keinen Namen.« Das große fragte: »Warum nicht?« Es antwortete: »Weil ich so ängstlich bin und mich keiner mag.« Nun erzählten sie sich noch eine Weile etwas. Danach ging das große Gespenst zurück in die Stadt und teilte allen anderen Gespenstern mit, dass das kleine Gespenst so fürchterliche Angst vor allen hatte. Es erzählte aber auch, dass es sich vor dem kleinen Gespenst sehr erschrocken hatte und sich dabei in die Hose gemacht hatte. Als sie das hörten, gingen alle zur Höhle des kleinen Gespenstes, hoben es hoch und gaben ihm den Namen: »Das mutige Gespenst«. Nun konnte es friedlich weiterleben. Und wenn es nicht gestorben ist, dann lebt es auch noch heute.

8 Jean Piaget: *Das moralische Urteil beim Kinde.* München, 1986, S. 237.

9 »Ein gelingendes menschliches Leben ist nur möglich in der Entfaltung eines gemeinschaftsorientierten Lebensstils. Wir sind von Kindheit an angewiesen auf menschliche Nähe und Mitleidenschaft und erlernen im sozialen, zwischenmenschlichen Umgang kooperative und solidarische Fähigkeiten. Bevor ein Kind die Wirklichkeit begrifflich durchdringt, erfasst es die Gegenstände und Lebewesen seiner Umwelt mit unterschiedlichen Gefühlen. Die mitleidenschaftliche Nähe zur Natur wird darin anschaulich, dass Kinder im Alter von zwei oder drei Jahren selbst toten Dingen eine Seele einhauchen. Sonne, Mond, Wind, Wolken, Wasserströme gestalten sich im kindlichen Denken zu personifizierten Akteuren des

kosmischen Geschehens: die Sonne, die lacht; der Himmel, der weint. Für diese Verzauberung der Welt hat der Entwicklungspsychologe Jean Piaget den in der ethnologischen Forschung bekannten Begriff Animismus aufgegriffen und für seine Untersuchungen des kindlichen Weltbildes systematisiert ... Die Mitleidenschaft ist nämlich die Basis der Kooperation als das spielerische Zusammenfügen der kindlichen Fähigkeiten und Talente zum Mosaik der Gemeinschaft. Gelernt wird durch Tätigkeit. In der Tätigkeit finden in einem spontanen Prozess der Selbstorganisation vielfältige Elemente des individuellen Erlebens und Handelns eigene soziale Formen und Figuren. Im Verlauf der Kooperation knüpfen Kinder spielerisch das Netzwerk eines an Freundschaft und Begabung orientierten Miteinanders.« Karl W. ter Horst: *Wie Jesus die Seele heilt. Psychologie des Evangeliums*. Oberursel, 2000, S. 20 f.

10 »Verglichen mit einer gleich großen Summe vereinzelter individueller Arbeitstage, produziert der kombinierte Arbeitstag größere Massen von Gebrauchswert und vermindert daher die zur Produktion eines bestimmten Nutzeffekts nötige Arbeitszeit. Ob er im gegebenen Fall diese gesteigerte Produktivkraft erhält, weil er die mechanische Kraftpotenz der Arbeit erhöht oder ihre räumliche Wirkungssphäre ausdehnt oder das räumliche Produktionsfeld im Verhältnis zur Stufenleiter der Produktion verengt oder im kritischen Moment viel Arbeit in wenig Zeit flüssig macht oder den Wetteifer der Einzelnen erregt und ihre Lebensgeister spannt ..., unter allen Umständen ist die spezifische Produktivkraft des kombinierten Arbeitstags gesellschaftliche Produktivkraft der Arbeit oder Produktivkraft gesellschaftlicher Arbeit. Sie entspringt aus der Kooperation selbst. Im planmäßigen Zusammenwirken mit anderen streift der Arbeiter seine indivi-

duellen Schranken ab und entwickelt sein Gattungsvermögen.« Karl Marx: *Das Kapital – Kritik der politischen Ökonomie. Erster Band*. Berlin, 1971, S. 348 f.

[11] Innerhalb der biologischen Fachdisziplin hat man in den siebziger Jahren den Gedanken der Kooperation regelrecht für die eigene Disziplin entdeckt. Humberto Maturana war es, der mit dem Begriff Autopoiesis eine Art biologischer Revolution in Gang gesetzt hatte. Von da an wurde Leben definiert als ein sich selbst erhaltendes und weiter erzeugendes geschlossenes System, das die Elemente und Bereiche der Umgebung, des Milieus, zu definieren in der Lage ist, die es selbst am Leben erhalten und fortentwickeln. Wissenschaftstheoretisch war von da an der Weg klar, dass kognitive Lebewesen (dazu gehören schließlich alle) dann besonders evolutionsfähig sind, wenn sie mit anderen, auch mit andersartigen Lebewesen in Kommunikation treten. »Ein kognitives System ist ein System, dessen Organisation einen Aktionsbereich definiert, in dem es zum Zweck der Selbsterhaltung handeln kann ... Lebende Systeme sind kognitive Systeme, und Leben als Prozess ist ein Prozess der Kognition. Diese Aussage gilt für alle Organismen, ob mit oder ohne Nervensystem« (Humberto Maturana: *Die Biologie der Kognition*. Paderborn, 1974/75, S. 15). Im weitesten Sinne ist dies bereits eine Form sich selbst organisierender »Kooperation«. Sie ermöglicht durch Vielfalt, Reichtum und Hierarchie der lebenden Systeme die Evolution einer ganzheitlich wirkenden, vielschichtigen Realität: »Es entsteht keine Kakophonie der einzelnen Schichten, sondern dynamische, reich orchestrierte Verbundenheit« (Erich Jantsch: *Die Selbstorganisation des Universums. Vom Urknall zum menschlichen Geist*. München, Wien, 1992, S. 336).
Die Meeresbiologin Lynn Margulis ging noch einen entscheidenden Schritt weiter, indem sie ausdrücklich von ei-

ner Koevolution von Systemen der Natur völlig unterschiedlicher Art gesprochen hat, zum Beispiel von der Koevolution von Mikro- und Makrosystemen. (Lynn Margulis: *Origin of Eukaryotic Cells*. New Haven, Connecticut: Yale University Press, 1970. Vgl.: Lynn Margulis und James E. Lovelock: *Biological Modulation of the Earth's Atmosphere*. In: Icarus 21, S. 471-489, 1974.)

Heinz von Foerster war es schließlich, der eine regelrechte Alternative des Nervensystems von »Solipsismus« und »Gemeinschaft« herausstellte und die Entscheidung für eine Kooperation zur Voraussetzung individueller und sozialer Selbstorganisation erhob: »So konstruieren wir aus einer Wirk-lichkeit in Zusammenwirkung unsere Wirklichkeit« (Heinz von Foerster: *Das Konstruieren einer Wirklichkeit*. In: Paul Watzlawick (Hg.): *Die erfundene Wirklichkeit*. München, Zürich, 1988, S. 60. Vgl.: Ernst von Glasersfeld: *Einführung in den radikalen Konstruktivismus*. In: ebd. S. 30 f.).

12 Zum Begriff »Charakterpanzer« vgl. Wilhelm Reich: *Charakteranalyse*. Köln, 1970.

13 Paul Lafarque: *Das Recht auf Faulheit. Widerlegung des »Rechts auf Arbeit« von 1848*. Grafenau, 1999.

14 Wilhelm Reich: *Massenpsychologie des Faschismus*. Kopenhagen, 1933.

15 Alfred Adler: *Der Sinn des Lebens*. Frankfurt a. M., 1974, S. 38 f.

16 Zum Begriff »Wirkungs- bzw. Kraftfeld des Geistes« vgl.: Michael Welker: *Gottes Geist – Theologie des Heiligen Geistes*. Neukirchen-Vluyn, 1993, S. 224 f.

17 Zur Kritik postmoderner Arbeits- und Kulturorganisation vgl.: Hans-Jürgen Krysmanski: *Popular Science – Medien, Wissenschaft und Macht in der Postmoderne*. Münster, 2001, S. 147 f.

[18] Pink Floyd: *The Wall*, 1979.

[19] Der Text des Streitgesprächs findet sich im Evangelium nach Markus, Kapitel 12: »Da traten die Sadduzäer zu ihm, die lehren, es gebe keine Auferstehung; die fragten ihn und sprachen: ›Meister, Mose hat uns vorgeschrieben (5. Mose 25,5-6): Wenn jemand stirbt und hinterlässt eine Frau, aber keine Kinder, so soll sein Bruder sie zur Frau nehmen und seinem Bruder Nachkommen erwecken.‹ Nun waren sieben Brüder. Der erste nahm eine Frau; der starb und hinterließ keine Kinder. Und der zweite nahm sie und starb und hinterließ auch keine Kinder. Und der dritte ebenso. Und alle sieben hinterließen keine Kinder. Zuletzt nach allen starb die Frau auch. Nun in der Auferstehung, wenn sie auferstehen: wessen Frau wird sie sein unter ihnen? Denn alle sieben haben sie zur Frau gehabt. Da sprach Jesus zu ihnen: Ist's nicht so? Ihr irrt, weil ihr weder die Schrift kennt noch die Kraft Gottes. Wenn sie von den Toten auferstehen werden, so werden sie weder heiraten noch sich heiraten lassen, sondern sie sind wie die Engel im Himmel. Aber von den Toten, dass sie auferstehen, habt ihr nicht gelesen im Buch des Mose, bei dem Dornbusch, wie Gott zu ihm sagte und sprach (2. Mose 3,6): ›Ich bin der Gott Abrahams und der Gott Isaaks und der Gott Jakobs‹? Gott ist nicht ein Gott der Toten, sondern der Lebenden. Ihr irrt sehr.«

[20] »All alone, or in twos,
The ones who really love you
Walk up and down outside the wall.
Some hand in hand
And some gathering together in bands.
The bleeding hearts and the artists
Make their stand.

And when they've given you their all
Some stagger and fall, after all it's not easy
Banging your heart against some mad bugger's wall.«
Roger Waters in: Pink Floyd: *The Wall.* 1979.

Empfohlene Literatur

Dietrich Bonhoeffer: *Ethik*. Herausgegeben von: Ilse Tödt, Heinz Eduard Tödt, Ernst Feil und Clifford Green. Gütersloh, 1992.

Eugen Drewermann: *Der sechste Tag. Die Herkunft des Menschen und die Frage nach Gott. Glauben in Freiheit, Band 3.* Zürich und Düsseldorf, 1998.

Khalil Gibran: *Jesus Menschensohn. Seine Worte und Taten, berichtet von Menschen, die ihn kannten.* Olten und Freiburg im Breisgau, 1988.

Arno Gruen: *Der Fremde in uns*. Stuttgart, 2001.

Erich Jantsch: *Die Selbstorganisation des Universums. Vom Urknall zum menschlichen Geist.* München und Wien, 1992.

Manfred Josuttis: *Über alle Engel. Politische Predigten zum Hebräerbrief.* München, 1990.

Herbert Marcuse: *Triebstruktur und Gesellschaft. Ein philosophischer Beitrag zu Sigmund Freud.* Frankfurt a. M., 1968.

Humberto R. Maturana und Francisco J. Varela: *Der Baum der Erkenntnis. Die biologischen Wurzeln des menschlichen Erkennens*. München, 1996.

Tilmann Moser: *Dämonische Figuren. Die Wiederkehr des Dritten Reiches in der Psychotherapie.* Frankfurt a. M., 2001.

Gerhard Roth: *Fühlen, Denken, Handeln. Die neurobiologischen Grundlagen des menschlichen Verhaltens.* Frankfurt a. M., 2002.

Antoine de Saint-Exupéry: *Man kennt nur die Dinge, die man zähmt. Eine Anthologie.* Düsseldorf und Zürich, 2000.

Eduard Schweizer: *Jesus, das Gleichnis Gottes. Was wissen wir wirklich vom Leben Jesu?* Göttingen, 1996.

Gerd Theißen: *Der Schatten des Galiläers. Historische Jesusforschung in erzählender Form.* München, 1987.

Frederic Vester: *Denken, Lernen, Vergessen. Was geht in unserem Kopf vor, wie lernt das Gehirn, und wann lässt es uns im Stich?* München, 1998.

Paul Watzlawick: *Anleitung zum Unglücklichsein.* München, 1983.

Michael Welker: *Gottes Geist. Theologie des Heiligen Geistes.* Neukirchen-Vluyn, 1993.